移民労働者は定着する

田村紀雄

社会評論社

本書に登場する日本人の中心コミュニティは1941年12月まで、晩市、オーシャンフォールズ、ウッドファイバーであった。開戦で東方へ移動し、タシメ、グリーンウッド、カズロー、スローカン谷、その他に移った。

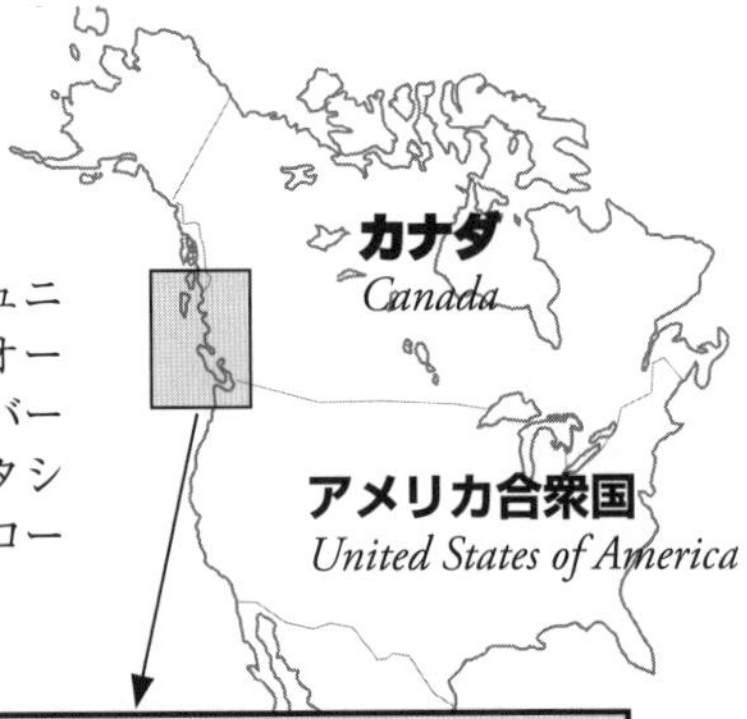

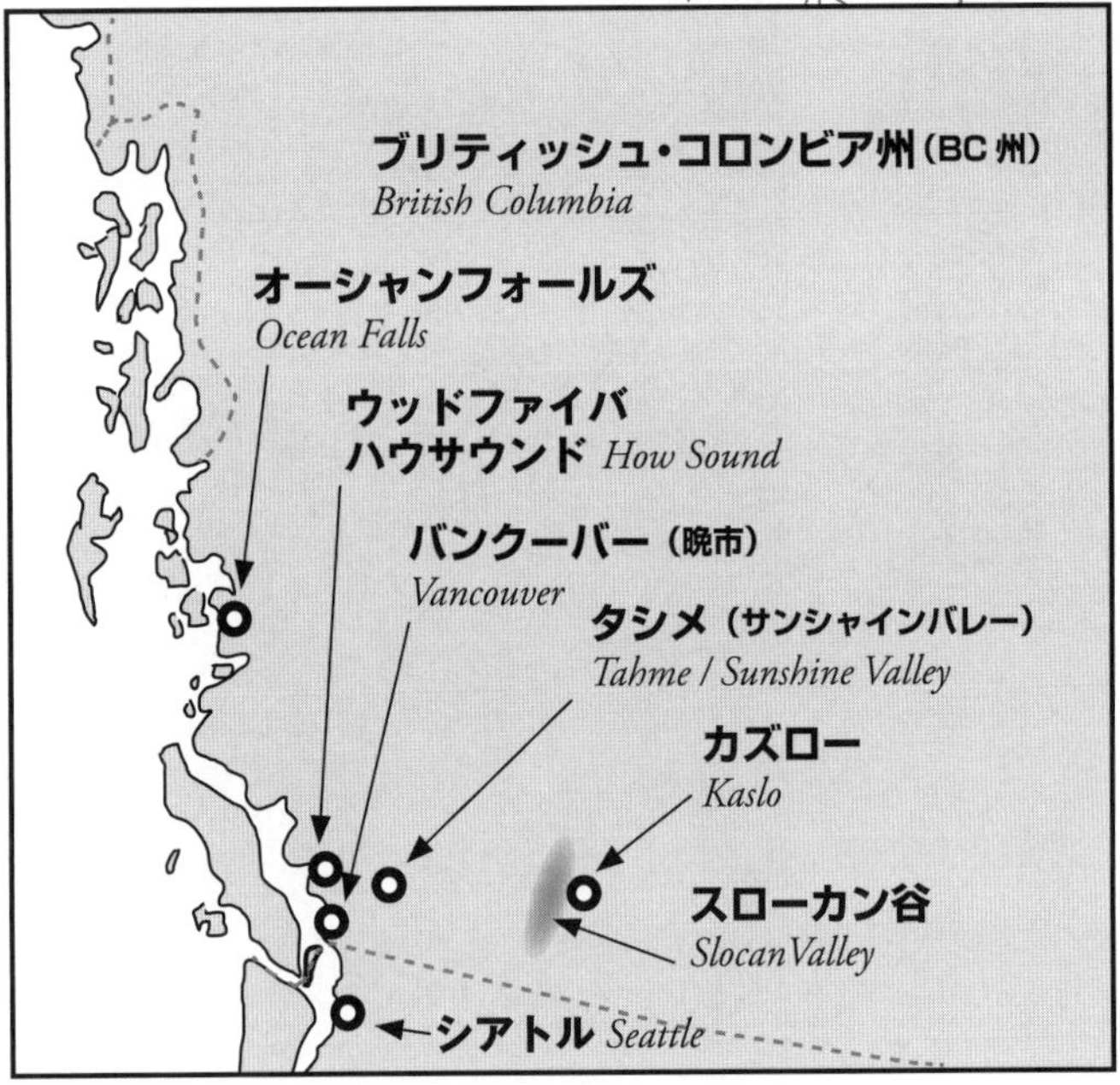

スローカン谷の日本人収容所名

ローズベリー *Rosebery*　**ニューデンバー** *New Denver*

サンドン *Sandon*　**スローカンシティ** *Slocan City*

ベイ・ファーム *Bayfarm*　**ポポフ** *Popoff*　**レモンクリーク** *Lemon Creek*

はじめに ——フィールドノートへのメモ

日本が「外国人労働者」を、法によって受け入れるということ、種々問題点を指摘されながらも二〇一九年からスタートした。多数の産業、職域で採用されるだろう。この「外国人労働者」、すでに多くの国、地域でIMW（国際移動労働者）、難民、移民などの名前でよばれている労働力とどう違うのであろうか。

いやむしろ日本では、国際的にもあまい規制の留学生のアルバイトから、招聘専門家にいたるまで、日常目にしている人たちとどう区別するのだろうか。これまである程度「自然」の流れであったものが、国家による計画的な流入になることだ。人は道具でもものでもない。国家、企業、富のちからの側が不要と判断したとき、もとに戻すわけにはゆかない。少し、きびしくいえば、われわれ日本国民全体が、発展途上国の労働力を搾取しているか、のようだ。

過去、「先進国」が植民地等から「外人部隊」、傭兵、労働者等で移入した労働力は、その国に別の形のコミュニティを残した。実は日本でもすでに多数の「エスニック・コミュニティ」が生まれている。われわれは、そのような時代にはいったのである。

われわれは、一九八〇年代から「エスニック・メディア」の研究会を運営してきたが、日本国内で発行されているエスニック新聞は百種をこえることを理解した。日本に生まれつつあったエスニック・コミュニティがそれぞれの言語で発行している、なかば「難民」として住み始めた集団のミニコミ的のものから、特定の国の支援をうけながらその国の国益を堂々と主張するものまで多様だ。共通するのは、日本における「言論・表現の自由」、進んだ編集・印刷技術、広告・頒布・マーケティングの経験等を十二分に吸収していることだ。ちいさなエスニック集団が、近隣社会（ネイバーフッド）に成長し、エスニック・コミュニティに確立するには、食品、信仰、交流サロン等の生活装置が必要だが、情報のネットワークとしてエスニック新聞やインターネット環境の装置は不可欠である。

本書は、そのすぐれた事例として、カナダの日本人移民労働者のコミュニティ創りと、その装置としての日本語週刊新聞『ニュー・カナディアン』の歴史を書いたものだ。『ニュー・カナディアン』は、太平洋戦争勃発直前の一九三六年末にバンクーバーの「日本町」で創刊され、戦争で「町」は閉鎖され、全日本人・日系人が広いカナダの国土の中に散りじりに「追放」されたなかでも、生き続け、かれらの灯火になり通した。戦後、「日本町」は再建されただけでなく、西海岸から大西洋岸までのすべての州に生活をうちたて、無数の「近隣社会」を産み落とした。日本人やその子孫である日系人は、カナダで日本国家の利益を代表してもいないし、国益を強調する存在でもない。ひとりひとりの人間として、生きることであった。

このフィールドワークをわたしは記録しているうちに、世界的にも稀有なモデル的エスニック集団である感をつよくした。『ニュー・カナディアン』に拠った日本人・日系人は戦後カナダ政府の高官になるもの、カナダ軍の兵士になるもの、大学教師、ジャーナリスト、事業家になるもの、社会人、生活人としてともかくカナダ社会に恩返しをすることになった。その壮大な普通人の物語である。

目次

移民労働者は定着する　目次

移民労働者は定着する

序

労働力、社会、文化の越境。

「思想の科学」研究会の不朽の業績

二十一世紀に入って「移民問題」という妖怪が全世界を席巻している。「移民」というのは、たんに個々人が身を国境を越えるということだけでない。そこには、それまでの社会、人間関係、文化、経済的基盤を「変える」ということだ。くわえて、思想、精神、心理、信仰という人間の「内なるもの」の転換がまっている。あるいは、この「転換」を求めての移民である場合がすくなくない。また移民先の社会にも、伝統的な文化や人間関係をもった秩序に、新しい文化や人間関係を「移民社会」(エスニック・コミュニティ)というものを植え付けることになる。この接木は、その規模に関係なく、ひとつの変革である。技術革新以上に、将来的な質の変革を予想させる革命である。

この「転換」は転向、転職、離婚、改宗、帰化、改姓といった、人間の精神生活の根幹をゆすぶるものだ。これはまさしく「転向」理論の一部であり、この「転向」という思想の科学研究会が理論化したコンセプトは、外国語にも訳し難い奥深い熟語である。これは、移民集団という集団的行動では発見しにくい個々の人間の戦いであるだけに、深く切り込めないし、それでいて全構成員がかならず通過しなければならない課題なのである。

「移民問題」というのは、移民にまつわる政治、経済、社会、文化の全局面の問題である。「移民」（イミグラント）という用語、それ自体は新しい言葉ではない。人々の移動、移住、移民という地域的な動きは人類の発生以来のできごとなのであった。世界史的な文明波動の原動力である。もっとも重要な緊張は、「変化」「変革」をおそれるホスト社会側の移民やマイノリティへの「偏見」「差別」「排斥」である。移民はこの緊張を避けて通過することはできない。その政治的、経済的背景、根幹はあるていど論じられてもいる。だが、ひとりの人間として考える時、立ち位置が一方の立場、片方のサイドでしかものごとを認識していない半生に「転向」が突きつけられるということだ。

両者のあいだに立ちはだかる深い溝をこえてみる。いちど、相手の立場に自身をおきかえてみる。移民を迎えて立場を読み直してみる。自身をマイノリティに置き換えてみる。「転向」はイデオロギーの置き換えだけでない。国境を越えること、信仰をかえること、姓や名をかえること、仕事をかえること、あらゆる変更により直面する全人格的な変化だ。移民の側も迎えるホスト社会や文化に身をおいてみる。生易しいことではない。

ここに全世界的な「移民問題」を理解する鍵のひとつがある。

これが、「移民問題」という用語によって国際的な世界史的な課題になるのは近代国家の成立によって以降である。さらにいえば、二十一世紀になって、グローバリズムというイデオロギーと共に、富めるものと、そうでないものが大規模、かつ固定し、対立、矛盾、闘争が留まる事を知らぬ広がりをみせた地球規模の問題の発生のなか、これまでにない様相をおびてきた。「グローバリズム」という一見おいしそうな政策の裏にかくれてしまった貧困、学歴、身分、地位、等々のこえられぬ新しいカースト制を掘り起こす必要が眼の前に投げかけられた。

日本は「移民問題」の外に置かれてきたであろうか。出国する移民、入国する移民、の問題はあった。外国人の来訪が増えている当今、さらには「外国人労働者」の組織的、系統的受け入れという問題が現実化した当今、これらの課題を総体的、歴史的に振り返る必要がある。

国家の権力構造や国境の強化によって人々の国境を越えた移動は困難で危険なものとなり、亡命、難民、移民という難問が浮上してくる。もっとも普遍的に人々を包み込んだのは「移民」という歴史的現象であった。

よく言われた図式だが、「移民」の集団的な現象は「押し出す」(プッシュ)要因と「引き取る」(プル)とが重なって進行する。そのどちらかが欠落しても国際問題になる。

だが、二十一世紀の「移民問題」は押し寄せる側の圧力、戦争、内戦、民族対立、少数者への悲惨な難民や奴隷労働となるからだ。それ以外にも、人間の好奇心、探究心、漂流などの個人的な理由、国家や社会団体からの派遣、その他雑多な事情で人々は移動し異界を越える。くわえて、多くの工業国家の労働力不足という目先の需要からくる、資本・企業の論理である。過去、この資本・企業の論理はいやでも、恣意的に変化することを人々は身体で感じ取ってきた。そのとき、どのような軋轢が生まれるであろうか。

アメリカ、カナダはよい事例をのこしている。鉄道建設、都市建設のために、多数の中国人を、ついで日本人を、農業開発のためにメキシコ人を、十八世紀から十九世紀にかけて、導入した。しかし、いちど需給がくずれ、不要になると、排除、排斥に転じた。綿花栽培での黒人奴隷の導入と、のちの排斥も同様だ。かたちは、人種間、文化間、労働者同士の確執にみえて、じつは資本・企業の論理の変化が底流にあった。「外国人労働者」、近年では二国間だけでなく、国際間を移動する「国境なき労働者」（IMW　インターナショナル・マイグレーション・ワーカー）として認識される、は結果として「移民」にもなる。

移民は古くは、「押し出し」の原因には戦争・内乱、飢餓・危饉、災害・革命とさまざまである。「引き取る」要因も新天地の発見、突発的な人口減、開拓地の拡大、心理的同情、その他何百もの理由を列記することが可能だ。だが、「グローバリゼーション」というイデオロギーのもと、この「IMW」という認識は拡張している。

「移民」の理由、根源、動機はかずかぎりなくなった。

日本語では「移民」と「移住」を区別して使用する場合もあるが本質的には変わらない。ここでは、近年、国際的な深刻な問題になり、かつまた日本でもその荒波から自由でいられなくなりつつある二十世紀以降の日本人のかかわる「移民問題」に焦眉を合わせて考えてゆきたい。そのすぐれた事例がカナダの「日本人」だ。

すぐれた標本、カナダの日本人

カナダにおける「日本人移民」には、豊富で、もっと深い歴史理論の成立を暗示している。それは、東から大陸を席巻してきた「文明のフロンティア」に対して、西から浸透していった「文化的フロンティア」がどのようにかみ合ったのか、という壮大な人類史的実験として結果したのであった。

「文明のフロンティア」というのは、キリスト教的精神、産業革命、資本主義というヨーロッパを母体とする三位一体の「強力」が、先住民をも含む土来の資源を奪取したのに対し、「文化のフロンティア」であった日本人移民は異次元の「素材」を有していた。勤勉、清潔、倹約＝「もったいない」等の価値観である。日本人移民のカナダ西海岸からの内陸部や東部への強制移動は、太平洋戦争の勃発という原因ではあったが、数百年という世界史を考える時、そこには西進してきた「ヨーロッパ文明」に対する、東進した「アジア文化」の回答があったのだ。

カナダでの事例はヨーロッパとアジアがみごとに交差した。日本人に続いてアジア大陸や東南アジアからの移民がアメリカ大陸の奥深く、隅々まで交差する。

カナダは典型的な移民国家群の一つであるが、米国のように特定のエスニック集団の入国禁止を大統領令で発するような非民主的な国家権力が支配している国家ではない。もちろん、排他的思想や運動を生み落とす社会構造は皆無ではないが、それを国策や価値として社会に横行するほど非民主的で非人間的な岩盤があるわけでもない。また現に国として「多文化主義」を掲げ、英語とフランス語を「公用語」にしているだけでなく、先住民の言語、北欧・東欧・アジアからの新渡来者がそれぞれの地域でそれらの固有の言語、宗教、文化、習慣等を維持することに比較的寛容である。

また、学問の自由、研究の自立性、言論表現の権利等が相当程度保障され、国外の研究者にも便宜がはかられていて、多くの文献、研究データ、論文、資料へのアクセスが可能である。移民をした各エスニック・グループの自律的なアーカイブス、図書・資料センター等の運営も進んでいる。

加えて、第二次大戦中の在カナダの全日本人のコミュニティ、生活、生業等を破壊し、強制的に収容所等に収容したり、広いカナダ各地に軍事、経済、社会的必要に応じて何度も移動させたりなどの措置をとった反省から日本人エスニック集団を研究することが奨励されないまでも、温かく取り扱われてきたようにも思える。

さらに付け加えれば、日本人（この語義はだんだんと吟味される）は、戦争勃発まで、カナダ西部海岸のブリティッシュ・コロンビア州（BC州と省略される）のバンクーバー（日本人は晩市とした）の一角、パウエル街にほぼ集中して住んでいた生態系が開戦で一変した。

この「パウエル・ストリート」を日本人は「日本町」と呼び、地元の英字紙は「ジャパンタウン」「リトルトウキョウ」とローマ字書きしている。ともあれ、晩市にある、チャイナタウンやイタリア人街と同様の日本人のエスニック・コミュニティである。

エスニック・コミュニティであるが、ゲットーやシナゴーグとやや趣を異にし、ホスト社会に開かれていたのは、パウエル街のど真ん中を市電が走っていたこともあるだろう。

歴史的に日本人が出稼ぎ労働者であったため、「パウエル街」は、カナダの二つの大陸横断鉄道である国鉄（CNR）と私鉄（CPR）の西端の終着駅の南北のあいだの空間に位置し、また西海岸の各地・各港に向かう船舶のターミナルに接し、晩市のビジネスセンターにも近かった。

これが、山間の先住民「くに」（かって「居留地」とよばれた）や閉鎖的なゲットーにもならなかった地政的根拠だ。いまではカナダ先住民は自身の大地を「ファースト・ネーション」（最初の住民という意味をこめて）と誇らしく記述する。

日本人コミュニティにはホスト社会に開かれていた反面、制約もあった。このなかのビジネスはもっぱら日本人向けのもので、チャイナタウンの中華料理や、イタリア人街のパスタ料理のように誰でも口にするものでもない。

商店も時計、靴修理、クリーニング、タクシーなどを除くと概して日本人向けだ。旅館（ヤド）、風呂、産婆、桂庵（労働者斡旋所）、銀行など、まずエスニック・ビジネスと考えてもよい。日本語新聞しかり。開戦時まで、『大陸日報』『日刊民衆』『加奈陀新聞』の三新聞が日本語で、『ニュー・カナディアン』という生まれたての英字紙がパウエル街で出ていた。

開戦はすべての日本語新聞を発行停止にし、主要な幹部は拘束された。『ニュー・カナディアン』は当初、英語での印刷であり、社員はカナダ生まれの二世、すなわちカナダ人であったために、発行を認められた。やがて、英語を理解できないために、カナダ政府の布告等が一世に伝わらないことから、厳重な事前検閲のもとに日本語ページが加えられた。そこにひとりの日本人ジャーナリスト・梅月高市《うめづきたかいち》が日本語ページを編集するために特別に加えられた。

さらに、「パウエル街」と通称される日本人町から、日本人や二世を一人残らず追放するにいたる。この空間的コミュニティを崩壊させ、強制的ではあるが、全カナダに短期間に散らばって移動させ、戦後は全カナダにそのまま取り残され、戦争が済んでみると、相当数が積極的に住みついた。このようなエスニック集団はあまりない。これ自体、移民研究の新しい開拓地である。

多くの日本人は地域的に広がり、大地にしっかり根を下ろすことが出来たが、同時に、地域社会、社会制度、企業や学校、社会集団も日本人を基本的に受け入れてきた。日本人がカナダ社会に全的に「統合」出来たかどうかはまだ判らないが、また個々に「適応」も大変な努力があったにせよ、概して進んだのではないか、と考えられる。

異なるエスニック集団が移民ののち、どのように「統合」するのがふさわしいのか、文化的にパッチワークと呼ばれる空間をもちつつ、ホスト社会のなかで、貢献しつつ生活してゆくのを、どのようにするべきかは、正解もむずかしい。正直解答はないし、それ自体、歴史的なものとして取り組むべき課題なのである。また「統合」という用語法もいま仮のものとしておく。

このカナダにおける二世紀に及ぶ生業・運動・闘争の結果を最終的な移民エスニック集団の帰結と考えることはできない。歴史と共に進展するからである。

だが、この二世紀になんなんとする歴史、ことに戦時を挟む数十年間は、「移民とはなにか」「移民はどうあるべきか」「移民の未来はなにか」といった本質的な課題をカナダで提示した。それ

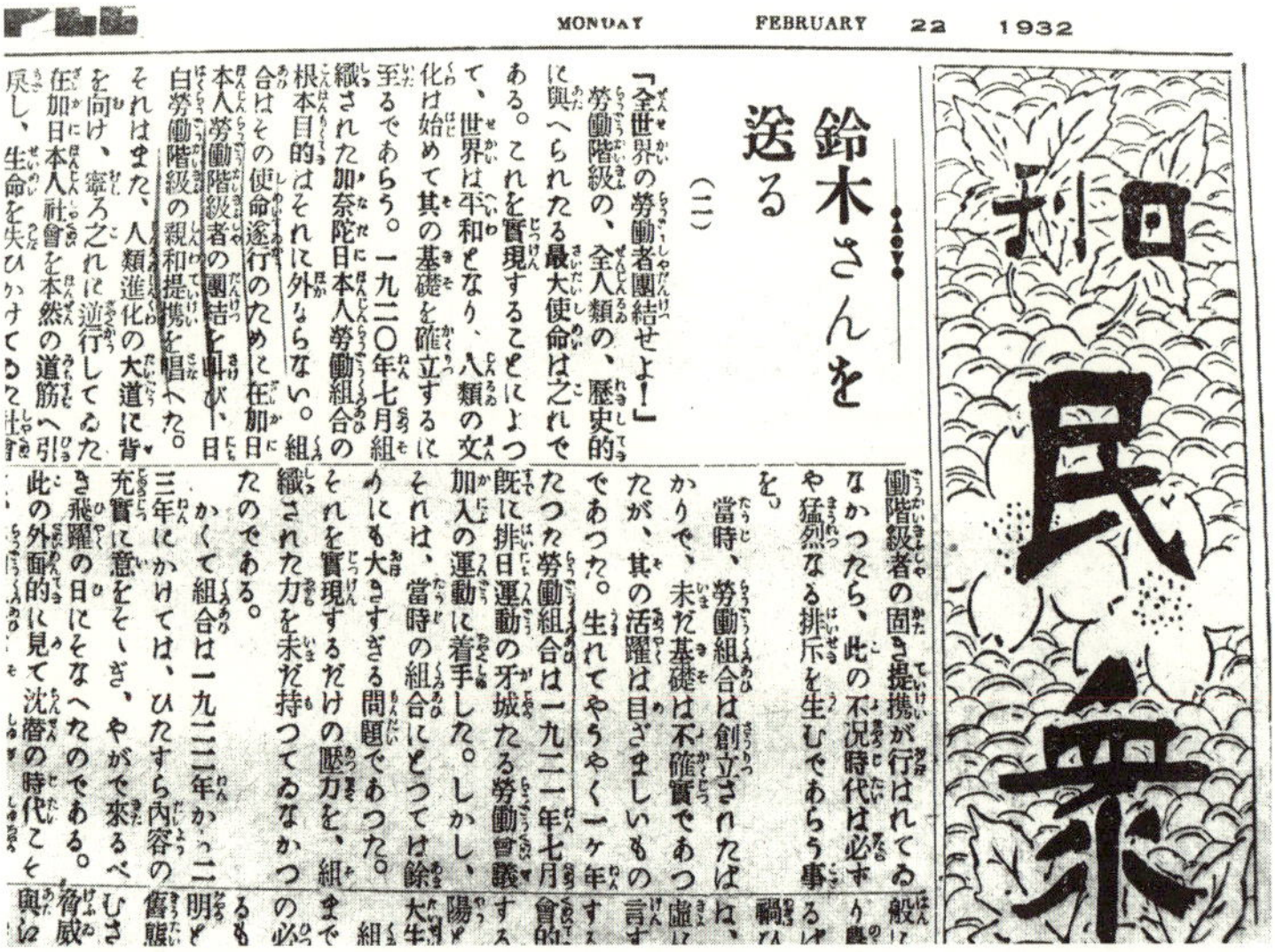
MONDAY FEBRUARY 22 1932

日刊民衆

鈴木さんを送る（二）

「全世界《ぜんせかい》の勞働者團結《らうどうしやだんけつ》せよ！」勞働階級《らうどうかいきふ》の、全人類《ぜんじんるゐ》の、歴史的《れきしてき》に與《あた》へられたる最大使命《さいだいしめい》は之《こ》れである。これを實現《じつけん》することによつて、世界《せかい》は平和《へいわ》となり、人類《じんるゐ》の文化《くわ》は始《はじ》めて其《そ》の基礎《きそ》を確立《かくりつ》するに至《いた》るであらう。一九二〇年《ねん》七月組織《しき》された加奈陀《かなだ》日本人勞働組合《にほんじんらうどうくみあひ》の根本目的《こんぽんもくてき》はそれに外《ほか》ならない。組合《あひ》はその使命遂行《しめいすゐかう》のために在加《ざいか》日本人勞働階級者《ほんじんらうどうかいきふしや》の團結《だんけつ》を叫《さけ》び、日白勞働階級《はくらうどうかいきふ》の親和提携《しんわていけい》を唱《とな》へた。

それはまた、人類進化《じんるゐしんくわ》の大道《たいだう》に背《そむ》を向《む》け、寧《むし》ろ之《こ》れに逆行《ぎやくかう》してゐた在加日本人社會《ざいかにほんじんしやくわい》を本然《ほんぜん》の道筋《みちすぢ》へ引《ひ》戻《もど》し、生命《せいめい》を失《うしな》ひかけてゐて社

働階級者《らうどうかいきふしや》の固《かた》き提携《ていけい》が行《おこな》はれてゐなかつたら、此《こ》の不況時代《ふきやうじだい》は必《かなら》ずや猛烈《まうれつ》なる排斥《はいせき》を生《う》むであらう事《こと》を。

當時《たうじ》、勞働組合《らうどうくみあひ》は創立《さうりつ》されたばかりで、未《いま》だ基礎《きそ》は不確實《ふかくじつ》であつたが、其《そ》の活躍《くわつやく》は目《め》ざましいものであつた。生《う》れてやうやく一ケ年《ねん》たつた勞働組合《らうどうくみあひ》は一九二一年《ねん》七月既《すで》に排日《はいにち》運動《うんどう》の牙城《がじやう》たる勞働曾議《らうどうくわいぎ》加入《かにふ》の運動《うんどう》に着手《ちやくしゆ》した。しかし、それは、當時《たうじ》の組合《くみあひ》にとつては餘《あま》りにも大《おほ》きすぎる問題《もんだい》であつた。それを實現《じつげん》するだけの壓力《あつりよく》を、組織《しき》された力《ちから》を未《いま》だ持《も》つてゐなかつたのである。

かくて組合《くみあひ》は一九二二年《ねん》から二三年《ねん》にかけては、ひたすら内容《ないよう》の充實《じうじつ》に意《い》をそゝぎ、やがて來《きた》るべき飛躍《ひやく》の日にそなへたのである。此《こ》の外面的《ぐわいめんてき》に見《み》て沈潜《ちんせん》の時代《じだい》こそ

『日刊民衆』。残存している現物はすくない。病をえて帰国する鈴木悦の送別の辞。かたい文面は、鈴木を継いだ動物学者の永沢六郎の筆。

らの課題を提出し、ジャーナリズムでの議題設定の立ち役者になったのが梅月高市であった。

梅月は一九一七年十九歳で徴兵検査を嫌って渡加、あきらかに「徴兵忌避」の行動であるため、戦争がおわり相当数の年数が経つまで一時的にも帰国（さとがえり）していない。渡加の形式はいわゆる「呼び寄せ移民」でカナダ側の保証人はバンクーバー市（日本人は「晩市」と表現した）で日本語新聞『大陸日報』を発行していた山崎寧《ねい》である。梅月は山崎のところでやはり、呼び寄せられていた元朝日新聞記者の鈴木悦《えつ》、その愛人の作家・田村俊子らに縁あって、鈴木が創刊する『日刊民衆』で働く。

この新聞は鈴木らがカナダで働く木材関連の日本人労働者が賃金や人権で酷い状況にあることを知って「カナダ日本人労組（の

ちにキャンプミル労組ローカル31と改称）」を組織、約一千人の組合員の機関紙となる。梅月は最初はこの「ローカル31」の専従オルグであった。「31」というのは、キャンプミル労組が晩市の白人の組合の地方評議会（ＴＬＣ）に加入することを認められたのを機に、つけた番号で、欧米の組合ではだいたい番号をつけるが別に三十一番目ということではないらしい。フルネームでは長いし、省略すると似た産業、職業別の組合と混同しやすいためだ。

一九四一年の日米開戦で、前述のように、カナダの全ての日本語新聞が発禁になる。開戦前、『日刊民衆』で働いていた幹部らが一九三〇年代帰国の鈴木悦を筆頭に、開戦までに続々と日本へ去ったため、梅月高市が経営や編集を引き受けていたものの、失職することになる。これが、戦前までの事情だ。

開戦を機に、特殊な条件のもとに、二世によって英字紙として創刊され、やがて日本語ページを加え、新しいエスニック・ジャーナリズムとなる『ニュー・カナディアン』が梅月高市、トム・ショーヤマ、その他同志たちの舞台となる。

第1章

バンクーバー市を追い立てられて

さいごの日本町、ウッドファイバーの社宅町

この町のことはあまり知られていない。カナダへの日本人移民の代表的な職業である木材産業のある町の一つだ。他の森林産業のカンパニー・タウンに比べ、晩市に近い方なのに。今日ならマイカーで一日ほどの距離なのだ。晩市のすぐ北部にあるハウサウンド半島にいた二つの先住民村を占拠する形でイギリス海軍が基地を設けた十八世紀が「文明」との接点である。「バンド」と呼ぶ比較的小さな先住民（トライブ）の「文化」が今でもあちらこちらで根づいている。米国のような広い「居留地」はないが、小規模な先住民の「くに」や飛び地が晩市周辺にも無数にある。

ハウサウンドの海岸沿いにできたスクオミッシュ、ブリタニアなどの町の一つがウッドファイバーである。一九一二年に製材所、化学繊維製造次いでパルプ製紙ミルが開設されてから、日本人が晩市から雇われていた。

「カンパニー・タウン」（会社町）の一つだが、晩市《バンクーバー》から海路30マイルと近いために会社は用心深い。ハウサウンドという入江の南岸からプラントのある北岸まで、会社運営の通船でしか往来できないのをよいことに「不穏分子」の上陸を拒絶していた。会社町というより「会社王国」で保安（セキュリティ）まで握っていたから梅月高市ら札付きの活動家は入り込む隙がなかったので、組織化も遅れていた。一九四二年に全日本人が撤退するまで、日本人集落もあった。

二〇〇六年にその製材所も閉鎖されたが、歴史は不思議なもので、近年、カナダの「オイルサンド」が注目されて新しいエネルギー源として石油がここから輸出されるようになる。日本の出光タンカーも出入りし始めた。少数であるが、七十年数ぶりに日本人が働き出したのだ。

ここには、のち『ニュー・カナディアン』の創刊に関係した東信夫《ひがししのぶ》らも働いている。ナカノ・タケオが就労したころ、およそ千人の住民の約半数は独身の労働者でみな若かった。中野は「牧歌的」な日本人町で、白人とのあいだは友好的で、野球などの試合もよくやったと書いている。

中野も「白人はエリートで給与も仕事も上だった」と彷彿している。クリスマスなどの休日には日本人は「赤穂浪人四十七士」などの演芸を楽しみ、工場長のE・ブレナンなど日本人一人ひとりと握手を交わすなど、「あめ」の労務対策もしっかりしていて労資関係の安定したプラントであったという。

この「安定」のため、晩市にちかい巨大プラントであるのに、『日刊民衆』などの労働側のメディアにほとんど、内情が伝わっていない。実状はナカノの後述の英文の冊子くらいしか分からないので、少し引用してみよう。

あるとき、日本からの貨物船がパルプ原料を積み込むためにひと月ほど接岸し、単調な職場を沸かしたことがある。なんといっても、「祖国日本」からの使者だ。この作業、危険なため白人は志望せず、日本人は製材職場を閉めてまでして、総がかり・昼夜シフトの作業によろこんで応じた。遠い祖国日本へ運搬するこの作業にどれほど、遣り甲斐と誇りを感じたであろうか。一度荷崩れなどあったが負傷者は運よくでなかった。

実は、木材関連の作業、もっとも労働災害が頻発する職場だ。労資協定や政府の労働関係法や労災保険でも事故がよく記録されている。

労働者たちは、貨物船に掲げられた日章旗に感激し全力で作業をしたとかいている。作業終了の第一夜、船長の話を聞くために全員集合して、耳を傾けた。そこで、日本からの最新のニュースに魂を揺さぶられたのである。

このエピソードはウッドファイバーから退去させられた日本人の一家タケオ・ナカノが一九八〇年、英文で『鉄柵のうち』（ワシントン大学出版部）という生活体験を上梓しているなかで、述べていることだ。主人公となるタケオ・ウノ・ナカノのカナダでの生涯は面白い。中野については、一世のアングリカンの牧師G・ナカヤマの初期日本人の紹介を集めた英文の『イッセイ』（NCプレス、一九八四年）に出てくる。中野は一九〇三年福岡県椎田村生まれの一世で、父の影響で俳句の素養を身に付け、日本で中学を卒業するや、ハモンドで農業を営んでいた伯父のひきで、渡加する。

典型的なカナダ日系一世で、奇しくも梅月高市と同郷である。一九二二年ウッドファイバーの紙パルプ工場に職を得る。そこで、一度帰国し日本から結婚相手を伴ってウッドファイバーの日本町に戻ってくる。日本人の普通の「嫁とり」法だ。中野は仕事の面でも昇進・昇給し、妻は百人ほどの日本語クラスで教鞭をとった。彼は、二人の娘をもうけ、この日本町は穏やかで、自然も美しく、何不自由なく過ごせたと振り返っている。加えて中野には父譲りの文章の素養があったため、俳句や日誌的なメモを残したため、パルプ工場の様子が後日に残った。

この冊子での町の描写は俳句を学んだだけに詩的で美しい。中野が梅月ら「ローカル31」のメンバーと違うのは、ほとんど労働運動に触れず、「普通」の労働者、それも早くからキリスト教の影響を受けていたことだ。そこへ戦争である。

静かなウッドファイバーを追いたてられ

中野は戦争勃発直後の会社町をこう述べている。「静かな町はプロパガンダの流言であふれて大混乱になった。多くは労働者階級だったたから知的な政治思想も与えられていなかった。むしろ終局的な勝利するという盲目的な信念を共有していた」。日本人の「キャンプミル労組ローカル31」の機関紙『日刊民衆』が浸透し、日本人労働運動が影響していたキャンプと明らかに違っていたのだ。だからこそ、衝撃や混乱は大きかった。

『日刊民衆』のネットワークのあるキャンプ、製材所、職場では、新聞は言葉を選びつつ、開戦の危険を警告し、日本人にその場合でも現に生活しているカナダの法を守り、カナダ市民と協力し、厳粛に日常を送ることを、何度も説いた。これは梅月の解説やコラムに限らず、カナダの上部機関「カナダ労組会議」の第31支部を意味する「ローカル31」の会議での正式の態度であり、幹部は打ち揃ってその方針を説いて回った。

中野がいたキャンプと、『日刊民衆』とが活動していたオーシャン・フォールズなどのキャンプは開戦後の数ヶ月間、日本人の動静は対照的であった。

ウッドファイバーは労務管理がよく行き届き、労働者たちは不安にかられてはいたが、じっと待つ以外ないと思っていたようだ。労働者たちは、穏便ではあったが、必ずしもカナダ社会への「同化」志向は強くなく、むしろ日本の勝利を信じ、戦争はすぐ終了するだろうと考えていた節が多い。穏便だったのはショーヤマやヒガシのような、『ニュー・カナディアン』創設の幹部もいたからだろうか。近接のブリタニアなどとともに会社町を撤収したのも遅かったが、このためか特別仕立ての汽船で晩市に到着して、中継収容所のヘイスティング・パークに滞在したのは僅か一週間だった。

カナダ政府は、西海岸の広いブリティッシュ・コロンビア州（BC州）の各地の山林、製材、パルプ現場や、入江、島嶼、内陸奥地の漁業基地や農場、数百か所に社宅・キャンプ・合宿所に散らばって生活している日本人を短期間に回収して、カナダの東部へ移住させるのには大いに手こずった。そこで、晩市の元博覧会会場であった施設等に一時収容し、そこから準備のできた内陸へ順次送り出す手はずにした。

内陸の移動、移住させる側も、その準備はさらに大変であった。カナダ人が流出した鉱山跡、伐採所跡、ゴーストタウン、兵舎跡など片っ端から収容して日本人を送り込んだ。あたらしくキャンプを整備したり、軍用のテント張り、甜菜農場、ストアと手あたり次第に接収された。同時に、壮健な男子は、戦争による動員で、白人等の労働力が涸渇していた道路建設等の建設現場に送られた。仕事や自宅を失って無収入のかれらに選択の余地はなかった。道路建設現場の仕事で支給される賃金が家族の糊口を塞いだのだ。

中野はこの時の流れを正確に記憶している。一九四二年一月中旬、一世の道路建設キャンプ行きが発表され、十八歳以上四十五歳までの男子、それはすぐ四十八歳以上まで、延長された。三月十六日までに出発するようにとなった。動揺が走った。三月のロッキー山脈は酷寒で、華氏二十度以下（摂氏マイナス六、七度）、死も隣り合わせだ。

結局のところ、折衝の末、六週間後、最終的な移動命令となり、三月十六日午後、ウッドファイバーのドックにフェリー船が着岸、妻や子供の見送りのなか涙ながらの別れになったと述べている。家族とここでも切り離されての大移動であったようだ。このフェリーは晩市とハウサウンドを一日一往復するもので、普通は百人ほどを運ぶ小型船だ。この日は中野ら日本人五十人が往路だけの客となった。二度と帰宅することがない寂しい出発である。中野は書いている。

「わたしは、気の進まぬまま町を離れる集団に仲間入りし、狭い渡し板を踏みしめた。両手は精一杯かばんを抱え込んでいた。使い古しの日用品を詰め込んでいたのだ」

クーネイ谷からロッキー山脈をのぞむ（梅月コレクション）

ドックの隅には若い妻がなにやら叫び、ハンカチを打ち振って別れを告げたのは彼だけではなかった。二度と会えるのだろうか、という不安を感じつつ船のエンジン音を聴きながら、離岸した。こんな心情を書き残した日本人は多くなかった。なにもかもどさくさ、急展開、家族も日本町も引きちぎった。その一端だけでも記憶し、文章に認めることができたのは、中野が文学的な感性を有していたからだ。何千もの労働者が同様の非常時をおくりながら、中野のように文章を残せなかったのだ。

中野に限らず、ウッドファイバーの日本人労働者は、この航路を何十回も通過したであろうに、今回ばかりはシックになっているせいか、航路に浮かぶ丸太の巨大な筏群、フェリーの内部の様子、通過する島々、パトロールする政府や海軍の小艇、灯台、晩市の町並みの灯火などこまごまと描写している。

彼は、中継収容所であるヘイスティング・パークにわずか五日間、留め置かれただけで、道路作業のためにロッキー山脈の麓にあるイェローヘッド・キャンプへ送られる。どちらにしても『ニュー・カナディアン』のスタッフや梅月とは接触する機会がなかった。この接触のない状態は偶然かどうか不明だがイェローヘッドのあとの「東進」へも、続く。

クートネイ谷の廃屋の整備進む

晩市をはなれた日本人の行路は非常に複雑だった。東部のしかるべき町に移転し、一回だけの転住で家族と終の棲家をこしらえることができたという幸運な日本人のことを私は生憎知らない。晩市からヘイスティング・パーク、ＢＣ州の奥の廃屋の町、さらにロッキー山脈をこえて、アルバータ州やマニトバ州の町、さらにオンタリオ州の小都市、そして戦後何年も経てからトロント市内の住宅地へ、これが典型的な日本人家庭の「難民」の行程だった。もっとも「難民」という表現には注記が必要だろう。

そのもっとも多くの日本人家族を収容したのがクートネイ谷の村や町だった。さて、クートネイ谷とはどこか。この種の調査は社会学者として、お手の物。実際にそこで幾日かでも生活するのが、私の調査哲学だ。

ＢＣ州の大きな地図を開き、この地方のおおきな町、日本流にいえば郡役場のあるトレイル、ネルソンはすぐ分かった。晩市からアメリカとの国境沿いにまっすぐ４０４マイル（約６５０

キロメートル）東へゆくとトレイルとある。ＣＰＲ（民営のカナダ・パシフィック鉄道）もあるが、もともと丸太輸送のためのもの。当今、やはり航空機とレンタカーの利用が実際的だ。

空路を調べてみると、晩市国際空港の端のターミナルからＢＣ州内各地の小さな町へ各一日に数本の小型機が出ている。カナダはボンバルディア、デハビランドで知られた小型機の大製造国だ。日本にもカナダ製の小型機が相当数輸入されている。四人とか、六人とかの客席、プロペラ機だ。山あいのミニ空港、湖水、河川、氷上を使った小型機がここでは、無数に飛んでいる。

クートネイ谷の多数の町、村でミニ空港があるのは、カッスルガーというところだけだ。谷といっても大河のコロンビア河の上流の支流が何本も流れているところに町や村がはりついている。六人乗りの小型機しか就航できない理由はすぐ分かった。晩市空港を離陸してすぐ山だらけだ。ロッキー山脈を越えてカルガリーやトロントに向かう機だと、急上昇すればよいが、カッスルガー行きはそうはゆかない。

空港で待っている二十分ほどのあいだに先住民らしい頑強な乗客が「トイレに入っておけ」と親切にアドバイスしてくれた。航空機の客室にはトイレがないのだ。五、六人の乗客を乗せた機はゆるやかにフレーザー河の上を上昇、山並みが見えると一度旋回しながら越える。プロペラ機だから一度には越えられない。わたしは、じっと地上をみながら、この辺がチルワック、このあたりがプリンストンの南などと考えているうちにいくつかの深い谷底をみる。どこも敷き詰めたように丸太の筏が組まれ、材木産業の豊富さを物語っている。そのやや広い谷底の一つコロンビア河とクートネイ河の合流点のカッスルガーの町、ものの５００メートルもない小さな滑走路が夕刻の暗闇せまる緑の谷間から浮かび上がってきた。谷間の夕刻、陽の落ちるのは早い。

ターミナルらしいのはポツンとした平屋、そこで手荷物を受け取ると終わり。ここから先、公共交通機関はない。予めレンタカー会社に一番安いランクの乗用車を電話予約してあったが、それらしいオフィスも見当たらない。小型機を降りた四、五人とあたりを見回していると、小柄な白人が寄ってきて「タムラか」という。予約の車は、狭い道の路肩に駐車中の三、四台の一つを指差した。

近くのレンタカー事務所から運んでくるようだ。カナダでも米国式のレンタカー・ビジネスのネットワークが発達しており空港近くで借りるのがもっとも便利だ。公称人口六千人、カッスルガーのダウンタウンは深い谷間の西側、橋は一つしかない。これから、日本人が収容された小さな町や村を一つ一つ探索する旅が始まる。どこも、空港はおろか、鉄道も定期バスもないだろう。

わたしは、このカッスルガーを基点に北側の村々――といっても、日本人を収容し始めた一九四二年、すでに廃村になりかけていたわけだが――一九八〇年代にはほとんど人の住まない地域も存在したのであるが、それを一つ一つ尋ねることにした。すぐ南には現在も人口一万人前後の比較的大きな都市、トライアルがあったが、除外した。

ここは、一九四二年から、晩市などの海岸部同様に日本人の立ち入り禁止エリアにしてあった。米国国境と10キロメートルしかないというだけでなく、「マンハッタン計画」（広島への原爆製造の秘密プロジェクト）に関する研究施設もあったようで、いまでも人口の91％が白人、４％が先住民、黒人が２％弱ということで《特別》な印象を受けた。

さて、読者の理解助けるために、クートネイ谷周辺の地図を示したい。（本書「はじめに」の前頁地図を参照のこと）

地名はまだなんらかの生活の存在が残っているところで、もう地図にもない場所がたくさんある。例えば、ニューデンバーとスローカンシティとの間や、周辺にはレモンクリーク、ポポフ、ベイファーム、ローズベリー、サンドンといった収容所跡が草むしていた。地元カナダ人の住宅地と接しているところある。

これらの収容所跡にわたしが訪問するのは、一九八〇年代のこと。一九四二年の初めは、やはり草むす空き家、廃屋が多かったろう。

そこで、一九四二年代に戻ろう。

『ニュー・カナディアン』の四月二十九日号の記事には、日本人漁村のスティーブストンからカッスルガーの手前にあるグリンウッドへは、最初の集団六十、七十人の家族連れで「再移住」が実施されたため、ゴーストタウンの人口はほぼ二倍になった、とある。ここは、発電所等のインフラがあったところで、無人の建物があり恵まれたほうだった。収容所群の中では、恵まれた環境のため日本人は、長く住みつく。日本人が最も心配していた女・子供の安全が保障され、晩市付近の日本人コミュニティが一丸となって、新しい村へ移動できたこと、を証明した。また、グリンウッドでの改修工事を終えた日本人の大工や建設労働者は、ここを離れ、さらにクートネイ川に沿って北上し、最も大きな収容地になる予定のカズローに移動、さらに二十人の日本人大工がカズローの西15マイルのゴーストタウンのサンドンに投入されたことなどが記事になった。

日本人は次第にＢＣＳＣ（日本人管理機関の州保安委員会）の方針、プログラム、スケジュールに従うようになる。家族の安全、行き先の収容地での日本人コミュニティのままの移動、男たちの仕事（大半は道路建設か空き家修繕、家族用標準宿舎の新築など当面の事業）の保証などが確実になったことだ。

わたしは、サンドンで家族用の宿舎数軒が保存されているのに出くわした。大部分の収容所は取り払われて、更地に戻っていたが、ここでは日系人の二世たちの努力で記念館などに整備されて残存していた。元収容者の何人かは近くで生活していた。その一つを覗いてみる。

この宿舎、シャック（掘立小屋）と英語でいうように、雨露はしのげるようだが、なにせお粗末である。ＢＣＳＣの記録によると、14フィート×28フィート（4・2メートル×8・4メートル）、2ＤＫと思えばよい。ここに二家族を押し込んだ。真ん中にＤＫ（居間とキッチン）があり、両側にベッドルームがあった。コストは当時のカナダドルで一戸１４６ドル（現在だと一万円少々）、これを千百戸急造した。

日本人の森の男たちのお手のものの板作りの小屋で、屋根はタール紙を貼ったのが多かったという。

雨、プライバシー、風や小動物は遮断されたようだが、問題は暑さ、寒さで、付近にいた日本人の高齢者にきくと、厳冬には死ぬ思いだったと。家の中にまで、つららが生まれたこともあったようだ。

ともあれ、雨露しのげる「シャック（掘立小屋）」の目星がついたので、梅月高市も晩市を離れる準備に入った。永年、住み続けた家を離れるというのは、現代の日本でも容易でない。考えてもみてもらいたい。ましてや、車、仕事、共同体から離されているため簡単にはゆけない。相談する、労働団体の世話役、仕事の自治会はボスが抑留されたり、力を失ったりしている。『大陸日報』の著名記者有賀千代吉ら「注意人物」三十七、八人はすぐ別途、抑留されてドイツ兵捕虜もいた五大湖にちかいアングラー収容所などへ送られていった。「ローカル31」も仕事の同業会、日本人会もすっかり昔日の受け皿ではない。自己所有の家屋など数えるほど、賃貸、アパート、下宿はいずこも契約解除は面倒だ。

だからこの期間、大半の人は住所が定まらない。連絡の仕様がない。こういう時、掲示板や小さなミニコミが役立つ。『ニュー・カナディアン』をめぐっていても、共同体、役職者、個人の移動のお知らせが眼をひく。わが『ニュー・カナディアン』しかり。五月上旬の号には、「梅月高市家族とともにマクレーン街に移転、電話二二五八、益田徳平東六街四七三へ、佐野未入グリンウッドへ」などだ。商店の閉店、移動広告も大切だ。

全員移動の喧騒のなか、『ニュー・カナディアン』はにわかに人間臭くなった。これも梅月の編集方針だ。人事往来、事故・事件、死去、取得物、人間社会の煩雑さが顔を出してくる。これをまた、「読み応え」にする読者も現れる。他に読むものとてない。

梅月も人間臭く、移動にかかる。こんなとき、わたしの梅月関係コレクション資料から、梅月が離れ離れになった家族と交換した手紙の束、一九四二年六月から十月までの五カ月間に梅月が書いた五十余通の「愛の手紙」のパッケージが出てきた。このコレクション、梅月が一九四一年十二月の開戦以来の公私にわたる文書類だ。「ローカル31」のものもある。

第2章

クートネイ谷へ落ち着く

カッスルガー→スローカン谷の廃村の修理

梅月の妻千代ら家族はとりあえず鉄道のあるスローカンシティに落ち着いたようだ。鉄道は材木、鉱産物を運搬するために、スローカン谷の中にまでは来ていた。谷はカッスルガーから、西北へスローカン谷、東へネルソン、カズローへゆくクートネイ湖方面にわかれる。シティとは、べつに「自治体市」を意味しない。町の中心地くらいの意味だ。

スローカン谷はサンドンやニューデンバー、南方へは、ベイファーム、ポポフと小さな村があった。スローカンは土地の先住民族シニスト語のようで、米国向けの製材業、ついで銀が発見されて欧州から多数の移民を迎えて発展したようだ。それもブームが過ぎれば終わり。その中心、現在のスローカン・パークには多数の鉄道の引き込み線、操作場があって、昔の盛況をしのばせる。

日本人はスローカンシティで下車してそれぞれ再び収容所のある村へ配分される。その配分では、日本人が関わったのは、家族連れと馴染みの共同体との同一行動だ。共同体とは、同一県、地方出身という郷党集団、同一職業集団、宗教団体だ。一例が漁業者のスティーブストン、カトリック教会などにみられる。BCSCのデータでは一九四二年十月末の段階でスローカン谷に合わせて四千八百十四人、タシメ収容所に二千六百三十六人、カズロー町に九百六十四人が配分された。この数字、月日とともに動くことは言うをまたない。

梅月千代もスローカンシティで下車させられ、しばらくこの地に留まることになる。政府の収容施設建設・放棄施設改修・修理工程表のようにはゆかぬため不本意ながら女性や子供たちを一時滞留させたようだ。それも軍用テントだ。

梅月高市が、妻千代へ晩市から送った一九四二年六月十日付けの数通のはがきがある。外形的な特徴が面白い。「スローカンシティ、ウメヅキ・チヨ」だけで届いている。いずれも「検閲済み」のスタンプが押されている。封書でないことは検閲のプロセスを簡潔に終了できること、簡単に書き、送れること、したがって内容には充分注意し家庭のことが中心のように装っている。しかし、夫婦、親子の情愛や抑留状況は充分に伝わっている。

はがきの文を引用することとお許しいただこう。

「昨夜はドシャ降りの大雨だった。スローカンでこんな雨がふったらさぞ大困りだろうとも考えた。まだ手紙を書くどころの騒ぎではないとは考えるけども、何としてでも、簡単でよいから度々知らして貰いたい。そこはいいところだと聞くがやはり気になる。みんな無事か。

マジーのカフはようなったかしら。大切になさい」

マジーは長女、カフは風邪のこと。

梅月は翌十一日にも、はがきを書いた。重要な内容だ。引用する。

「今日竹中さんの所へ来た手紙では、まだ家がないそうで混雑している様子、困るだろうが、しばらくは辛抱するほか仕方があるまい。岩崎さんの所でカーフィーをよばれたり、其の他いろいろと世話になっているから、ミセス岩崎宛てにお礼の手紙を英語で出してください」

どうやら、スローカン谷は、BCSCの工程表と、現地での竣工速度に食い違いがあるようだ。晩市では工程表に沿って送り出しているが、現地では資材、労働力等の欠如で間に合わず、女性中心の家族たちはどこへ収容されているのか。テント住まいだったのだ。さすが、梅月はこの情報を『ニュー・カナディアン』へ転載することは躊躇ったが、実は新聞はこの現地情報を読者が一番欲していることは知っていた。

梅月の妻宛の数通のはがきで次のことが分かる。

梅月は晩市市内で、自宅を処分して、転居したが、転居先が、発禁中の大陸日報社だった。大陸日報社、幹部の一人岩崎與理喜《よりき》はみどり夫人（『大陸日報』オーナー山崎寧の娘）と住み、階下に梅月たち「家なし」の者を下宿させた。岩崎夫人や、白人の友人への手紙を妻に依頼していて恐れ入りますが、切手をお張り下さい。

〒113－0033

東京都文京区本郷
2－3－10
お茶の水ビル内
（株）社会評論社　行

おなまえ　　様

（　　才）

ご住所

メールアドレス

購入をご希望の本がございましたらお知らせ下さい。
（送料小社負担。請求書同封）

書名

メールでも承ります。　book@shahyo.com

今回お読みになった感想、ご意見お寄せ下さい。

書名

メールでも承ります。　book@shahyo.com

義理のあることがみえる。もともと手紙好きの梅月、ほぼ一日おきに書いているが、検閲と山村部という事情で往信・返信とも時間を費やしている。それで、『ニュー・カナディアン』の公用（多分、BCSCその他の機関との打ち合せ）で、晩市とスローカンを往復している人を捉えて私信を託している。それでも、収容先の整備はともかく進展していた。

『ニュー・カナディアン』も商業新聞へ転換

新聞が日本人を落ち着かせてくるに従い、新聞社自身も整備が必要になった。基本的にはJCCL（二世団体）の機関紙の形式から出発しているので、財政はおんぶしている。じつは、創刊時の経費は日本政府の晩市領事館が工面していたことは、あとで明らかにしたい。開戦後はBCSC、すなわちカナダ政府が面倒をみる、という妙なかたちだ。

新聞社の開戦後の整備の第一が、ビジネスである。BCSCから自立するには、経営も自立化することだ。有料を基本に収入を立て直すには、郵送読者名簿を整備する必要がある。一九四二年五月頃から、紙面で名簿整備のための住所連絡と送金を訴え始めた。

新聞である以上、発行・編集責任、号数、発行年月日、販売価格などが最低明記される。ところが、価格がない。開戦後は新聞発行に必要な経費は人件費をふくめて一切、二世団体JCCLと政府のBCSCが負担して無料で配布していた。事実上の「行政広報」だ。とくに人件費は後者だ。

『ニュー・カナディアン』の創刊のからくりは、日本の領事館とそこが管理する開戦にそなえた「時局委員会」「機密費」などでスタートした。東信夫（ヒガシ・シノブ）やショーヤマらの人件費もふくめて新聞の経費を日本の現地領事館がなんと「機密費」から負担していた。これには、謎が多すぎる。とくに東信夫だ。一世だが、領事館との結びつきが強い。東は、開戦時には、これも日本政府の思惑で、満州にいた。開戦後はショーヤマら二世の新聞の経費等、今度は、カナダ政府の肝煎りでBCSCも応援し、日系人の団体JCCLが負担することになった。不思議な事情である。

新聞はこの時点「二世の声」と紙名に並べて大書されていたため、一世は反撥こそすれ支援の気はなかったが、日本人の大移動に紙面をさくようになると、また梅月高市が日本語ページの責任者であることが知れ渡ると態度を変えてきた。五月十四日号に二つの記事がみえる。

「プリンストン第一キャンプの内田一作氏から以下の手紙と共に、本紙に対する援助金を送ってきた。紙上で厚く感謝する。貴紙ご恵送に対してお礼申します。頼るべき何者も見出し得難い今日にあり、貴紙の存在は誠に大いなる期待があります。就いては左の方々よりの寄付お届けします。1ドル宛、山下酉蔵、横目光雄、家入文蔵、河合鉄太郎、辻秀雄、瀬戸口幸盛、内田一作。」

新聞は販売価格がなく、実際上無料で頒布されていた。内田は日本人の「キャンプミル労組」

機関紙『日刊民衆』読者だったオーシャン・フォールズのプラント現場以来の習わしで、カンパを集めては梅月に送金したわけだ。もう一つの記事。

「愛読者にお願い。移動された方、『ニュー・カナディアン』を引きつづき読みたい方は、新しいアドレスを本紙の発送係りまで一報いただきたい。」

五月二十七日号にも見える。

「日本人が七人しかいないオンタリオ州ロンドン。貴紙をみないとさびしい」。
「ご恵贈を感謝。僕は本日軍隊に入るので、同封の金、使っていただきたい。平和が回復して再び幸福な生活できる日を。ヴィクトリアにて、ジム・キドネー」。
「『ニュー・カナディアン』は本日から東カドバ街二一五の大陸日報社へ移動。JCCLも同所」。

ロンドンというのは、オンタリオ州の都市の名前、欧州からの移民の多いカナダ、都市の名前に祖国の町の名をつけているのでややこしい。岩崎與理喜もグリンウッド行きが決定した。もともと山崎寧の大陸日報社、帰国したあと岩崎が管理していたが、晩市にやむを得ぬ事情で残務整理している梅月、岩崎らが集中して生活することになる。岩崎は戦後も梅月を援け、『大陸日報』

復活の改題『カナダ・タイムス』の経営を引き受ける。わたしも岩崎とは何度もインタビュー、戦後トロントの自宅でお会いして間もなく、亡くなっている。

ところで、晩市周辺の何百もの日本人コミュニティや近隣を維持していた日本人が根こそぎ引き抜かれて、また何百ものカナダ政府建設の収容施設や既存の白人共同体へ移るわけだが、その選択の仕方はどうであったのだろうか。一般の日本人は、一部の日本人コミュニティの指導者や団体役員のように準「捕虜」扱いで、特別の収容所へ集められた者を除くとなんらかの「絆」や「えにし」を伝手にして移住していった。とくに、政府の要請ではやめに晩市を離れたグループほどその傾向は強い。だから早くに広大なカナダを横切ってオンタリオ州のロンドン市にまで移住していた。一九八〇年代、ここにある州立大学に友人を訪ねて訪問したことがある。またアルバータなど平原州の農業地帯などの人手不足を強くアピールしていた地帯にも農牧に従事した組もはやめに移動した。

また、和歌山県の三尾村から多数の村民が移民したことで知られるスティーブストンの漁業町など纏まって再移動している。『ニュー・カナディアン』をみると、各地に種を蒔かれたキリスト教会、佛教会など盛んに予定人員の欠員、受け入れ可能の世帯数など告知記事がみられる。一方、ツテもなく希望の叶えられない世帯もあった。

先のナカノ一家の英文の記録『鉄柵の内』にこんな話がある。ナカノは日本生まれの一世だが、児童時に両親とカナダにきた。この記録英文なのでナカノとした。

ナカノは先のウッドファイバーから小型汽船で晩市に到着、すぐ男たちは道路建設のため晩市から750キロメートル離れたイエローヘッド・キャンプに移動、作業につく。ロッキー山脈の最高峰ロブソン山が仰ぎ見える三月のこの地は厳寒の真っただ中だったようだ。ついで、デスコイン・ブリッジの工事へ移動、真っ白な雪のなか作業をする写真が残っている。

『ニュー・カナディアン』の七月の号には、この海抜3720フィートのイエローヘッド・キャンプでも出産が伝えられて「それでも日本人は生きている」証明と、近隣キャンプで祝福が伝えられた。

BC各地に応急的または緊急的に散らばっていた日本人キャンプもクートネイ谷や、隣のスローカン谷の町や村が整備、修復されるにともない移動してくる。ウッドファイバーを出立した集団もクートネイに到着する。二度、三度とキャンプを移動しながら家族と合流するのが普通だった。『ニュー・カナディアン』の経営改革の最後の仕上げは有料化の断行である。六カ月前金2ドル、月40セント、一部5セントだ。次のように社告を出す。

「購読料のみで経営しなければならなくなった」ということは、JCCLやBCSCの助成が削減されたことを意味する。それと共に、新聞タイトルの下に「英文で日系二世の声」とサブタイトルがついていたのが消え、「カナダ在留日本人を祖先とする人々の独立機関紙」という長たらしいサブタイトルがついた。あわせて、編集者として英文はトム・ショーヤマ、ハリー・コンドウ、日本文はタカイチ・ウメヅキ、ヒロタロウ・ツジと明記、責任が明白になった。

また、八月二十六日号で『ニュー・カナディアン』社も近日、内陸部の町へ移転せざるを得なくなるが、詳細を予告できない場合でも、発行は継続するので了承して欲しいという社告を掲載した。紙面は、各地での暴風のような日本人収容施設の建設ラッシュ、そこへの移動、新移動地での日本人共同体つくり、の記事が連日埋まった。まさしく、情報ネットワークのインフラとしての新聞であった。

『ニュー・カナディアン』も各地のJCCLの幹部、旧「ローカル31」の関係者、知人に連絡して共同体の進捗状態、安定の様子を極力、記事にすることを求めた。

『ニュー・カナディアン』社のクートネイへの転居、BC州各地のキャンプも当初の作業が終了したことと、「掘立小屋」での夏の生活も限度にきたことで、半永住の可能なクートネイ、スローカン一帯へ集約してゆこうという政府の施策も急ピッチになった。そのスローカン一帯も「小屋」が間に合わず、夏のあいだ多数の家族がなんと急遽集められたテントや近在の空き小屋暮らしをしていたのである。

その夏のスローカンの大混雑と苦難をはしなくも梅月と妻の千代、子供たちとの一九四二年夏の往復書簡の束が物語っている。

それによると、梅月は『ニュー・カナディアン』の業務のため晩市のパウエル街に残ったが、家族はCPR鉄道の臨時列車でスローカンシティへ運ばれていた。梅月も人の子、その行程に不安を感じる娘のために列車の時刻表と鉄路の案内の小冊子を買い与え、旅が少しでも楽しめるように祈っていた。彼女はそれを見ながら一駅一駅通過を楽しんだと手紙をよこしている。

妻からの手紙もスローカン一帯で住居の新築や改修が間に合わず、テント暮らしなど仮住まいで大変な混雑と苦労があったとしている。真夏のテント暮らしは殺人的だったと多くの人が語っている。

それ故、子供の教育どころではなかったようで、梅月も心配して、せめて教会の日曜学校には通わせるようにと妻に指示している。新築家屋が配分される段になると、日当たりのよい家があたるようにと手紙で期待している。その手紙もスローカンから、晩市まで十一日間もかかったとある。英文で書けば、検閲が簡単なので速いと、指示したものの戦時下と、移動中の日本人とその家族の往復で捌ききれない膨大な郵便物のラッシュだったようだ。

梅月のほうは『ニュー・カナディアン』関連の手紙で溢れかえっているという。晩市を離れた日本人読者からの近況、要望、連絡は新聞に集中したのである。梅月は家族へ手紙を催促しながら、自身は昼間、公務に縛られて返信できないとこぼしている。

こんななか、次のような一通（一九四二年七月六日）がある。以下その要旨。

「今夕、日高邦夫君が急にそちらへ行くことになったので此の手紙を書く。今日BCSCへ行って家族に対する扶助料のこと申し入れたが、僕が『ニュー・カナディアン』で働いているので、その点を調べてから額を決めるという。BCSCの係りがドレスメーカーなら当局に申し込んでおくと、一時間25セントの仕事が与えられると、早いほうがよいとのこと。すこしくらい働くのもよい。ただし子供を放っておかぬ程度だが。僕は『ニュー・カナディアン』を続けねばならぬが、月75ドルは受けとれるが晩市ではとてもやってゆけない。この上、君に苦労かけるのは、忍びないが、まず半日くらい仕事をしてくれるとありがたい」

梅月も家族が二分されて生活費や生活環境に苦労していたのだ。生活費、子供の教育、家族の健康等への心配は、梅月だけではなかった。ジャーナリストとして職分に忠実で、人々に公正でなければならない筈なのに、梅月も法や道理を冒さない程度に私的にうごいた。新築「掘立小屋」の配分で、日当たりと環境のよいものが配分されるよう願い、妻の内職の回路を調べ、私信を同輩に持参させるなど精一杯の役得を活用して生きた。戦時下、すべての交戦国民が生きるために行った「ヤミ取引」や「コネ利用」のようなものだ。

もう一つ興味深い手紙（一九四二年七月十二日）がある。

「昨土曜日午後、ミセス・露木がオフィスにきて珍しい人を紹介するからというから何かと思ったらマサオ・ツユキを招きいれたのには、ビックリした。レインボウ・キャンプからリコールされたもので、今度のホープ・プロジェクトに大工として行くことになったのだそうだ。月曜日出発で、家族は家が出来てから行くことになる。ミセス・ツユキは折角君から手紙を貰ったが、スローカン行きはできなくなったと。何れにせよ遠からず家族一緒に居られることになる。正夫君が出たあとに今度は二瓶がきた。キャンプの仕事が終わって今度はホープへゆく。」

この手紙、実は日記風にして、数日間かけてかいている。郵便が遅いので急ぎの事を書いても意味ないと、夫婦で日記のように書いて交換し合うようにしようと決めたのだ。だから露木も二瓶熊吉、其の他の日本人もひと仕事終えて帰晩し、次のキャンプへ再派遣されるあいだ、「出稼ぎ」よろしく、家族に会うために晩市に戻るようにしたのだ。道路作業に労働力は必要だし、スローカン谷、その他の住宅建設は進まないので、当局もこの方法を認めたのである。一九四二年夏の晩市の光景がよく分かって面白い。

実は、梅月は露木が晩市に来たとき、当面の費用として20ドル貸与した。露木の妻が『ニュー・カナディアン』社に梅月を夫を伴って現れたのは、この金銭の借金だったのだ。梅月はスローカンの妻にこの事を知らせて、返金を求めるように知らせている。このあたりの話、実はすごく面白い。

梅月高市、妻・千代、露木正夫、妻・千代の四人が登場人物だが、露木の役割が面白い。露木姓は「キャンプミル労組ローカル31」の幹部には海蔵と正夫の二人がいるが、いうまでもなくこの姓は神奈川県西部の出だ。海造は映画技師として、日本から取り寄せたフィルムを持って伐採キャンプなど日本人集積地を巡回して入場料を稼ぐのを生業にしていたが、正夫は大工の心得があったようだ。

露木正夫は開戦時には晩市西四番街に住んでいたが、ここには十年間ほど住み、一九三〇年代にはラジオとピアノの販売をしている。パウエル街よりやや離れた白人地区にちかい。「ローカル31」の活動に関わるのは、多くの幹部同様、家族をもっと晩市を遠く離れたキャンプで暮らしから都市へ移動している。教育や健康上の理由だ。直接伐採や製材の現場を離れたが、日本人労組のメンバーに変わりない。運動に共鳴して職業がかわっても活動している日本人は多数いる。「街頭的」と言ってしまえばそれまでだが、キャンプに居るとて、冬の季節やプラントの閉鎖でいつ失業するとも限らない。その境界は「森の男たち」自身が決めることだった。

なぜ、こんなことを書くかといえば、露木夫妻、梅月夫妻はことのほか仲良かった。だから晩市へ一度戻ったとき20ドルの借金を申し入れ、梅月は、直ちに応諾したのだ。さらに、戦後、露木正夫が死去し、梅月千代が他界したあと、露木千代未亡人は、梅月高市と再婚するのである。二つの夫婦はもちろん、開戦時には結婚、子供もいたが、活動家仲間、友人同士という感情以上のものがあったのではないか。これは、私の推測だが、それぞれの胸の奥に「隣の芝生」を眺めるような、相手を想う秘密めいた感情があったのではないか。いずれも、妻のほうが教養は高く、英語力も夫と比較にできなかった。妻はそれなりに働いて自立していた。ともにすばらしい取り合わせである。

〝最大〟の町・カズローの日本人コミュニティへ

スローカン谷の日本人収容地は混乱のうちにも姿を現してきた。『ニュー・カナディアン』での現地からの記事も具体的で速報性をもってきた。日本人の住みつき始めた新しい町、コミュニティ、近隣の名前が次々に紙面を飾る。スリーバレー、スパズム、グリフィンレーキ、オルダーグローブなど。いずれも、地図上での参照にいまも手間取る。

ロッキーの西側の収容施設が溢れると、今度は当然、ロッキー山脈を越えて、アルバータ、マニトバ州、さらには遠くオンタリオ州まで進撃する勇気ある日本人家族が次々とうまれる。最大の日本人集積地のスローカン谷の各村や近隣も住宅建設が進み、晩市の日本人も限られてくる。『ニュー・カナディアン』自身は晩市での発行が政府によって許可されているのであって、勝手に移動ができないというジレンマに直面していた。ＢＣＳＣなどと移動の件で何度も折衝があった。両者のあいだで、適当な土地を探し、詰めたようだ。なにしろ、編集、印刷、配布のための最低の施設が必要だ。スローカンシティは交通・通信の施設はあっても、肝心の活字や印刷機がない。その結果、カズローの町への婿入り候補の名前が挙がったのだ。あしかけ三年の滞在をすることになるカズローとはどんな町なのか。私自身、尋ねてみよう。

第3章

懐深いロッキー西麗の村々

クートネイ湖巡るレンタカーの旅

カッスルガーから北上するには、鉄道も路線バスもタクシーもない。カッスルガーで借り上げたレンタカーを運転してネルソン経由で北上することになる。クートネイ湖畔の未舗装の道路をおっかなびっくりの運転だ。すれ違う車も少ない。

ネルソンは「郡役場」所在のような中心地だが、人口は一万人以下、静かに学ぶにはよい町だ。二、三のエピソードがある。戦後、一時、日本の放送局関係のOBによって、英語を学ぶカレッジが創設されたが、長くは続かず、現在でも米国、カナダのIT機器をつかった「在宅勤務」の基地の一つになっている。わたしの友人のひとりでサウス・ダコタ大学の教授を務めた人が、ベトナム反戦で軍への召集を拒否して国外に去った「失われた十年」を語るとき、ネルソンなどの都市のことに触れる。本人は米国への入国を許されなかったが、家族や友人は自由に国境をこえてカナダに渡り、援助できたらしい。書物の入手や国際電話は簡単だ。ネルソンには、カズローの帰りに立ち寄ることにして、カズローへ急いだ。なにしろ、初めての山道運転だ。左はグレイシャー山地の急崖、右は懸崖な底知れぬクートネイ湖のあいだの道だ。コロンビア河の支流の一つを改修した人造湖だが、ともかく大きい。一九四二年初夏、カッスルガーの西北に分宿していた日本人はどのようにしてカズローに到着したのだろうか。湖面汽船である。

到着時の写真が残っている。三階建ての汽船ナッソーキン号から、女・子供数十人が手に荷物を抱えてぞろぞろと下船している図である。クートネイ湖周辺には今日も湖面を横断するフェリーボートの波止場が何カ所かある。梅月の妻千代と子供たちもこのルートでカズローにやってきた。

さてわたしは夕刻、やっとの思いで到着。予約していた「民宿」に旅装を解く。「民宿」というのは、海外に広く根付いている「B&B」（ベッドと朝食）のこと、ホテルに比べ、すごく低廉だ。カズローとはどんな「都市」か、到着してその小規模なことにまず驚く。小規模とはいえ、西クートネイ郡の郡役場、シティホール（町役場）、町立図書館、消防署、警察署、郵便局、銀行、教会などコミュニティに必要なデバイセスは一応ワンセット揃っている。驚いたことに立派な留置場さえある。この留置場にのちに厄介になるとは当初予想できなかった。

カズローとはどんな「町」、留置場に入る

人々がこの町に集まり始めたのは、一八九二、三年頃のようだ。一八九三年英国のヴィクトリア女王生誕を祝わって一八九三年のメイデーにイベントを開いた日を町創立の日としている。「人々」というのは、白人のことで、それまで人間が住んでいなかったわけではない。だいいちクートネイ、カズロー、その他土地の用語からして、先住民の言葉だ。

「白人」という用語をときどき使うが、実は複雑だ。いま、いちいち定義しないが、欧州系移民とその子孫くらいに理解してほしい。

カズローは木材、鉱山、果樹などの産業が生まれたり、潰れたり、大火、暴風などの被災で、人口の増減はあったものの、第二次大戦頃の人口は千人前後だったようだ。鉱山では鉛とカドミウムが取れ、それらへの需要があった時代に人々が集まった。小さな専用鉄道も敷かれ、町が生まれたので、「都市」らしく、市街計画、道路、住宅といったインフラが整備され、町が衰退したあとも、市街地は残った。一九四二年初めは千人ほどの市街地人口のところへほぼ同数の見知らぬ「エイリアン」たる日本人が入り込んだわけである。動揺しないはずがない。

カズローの町を歩いてみよう。こんな小型の町だが、北米の都市のように南北のストリートと東西のアベニューからなる。町の観光協会のガイドから地図を借用しよう（次頁地図）。

町は南北が七番街（ストリート）、東西がEアベニューまでで終わり。ロサンゼルスのような大

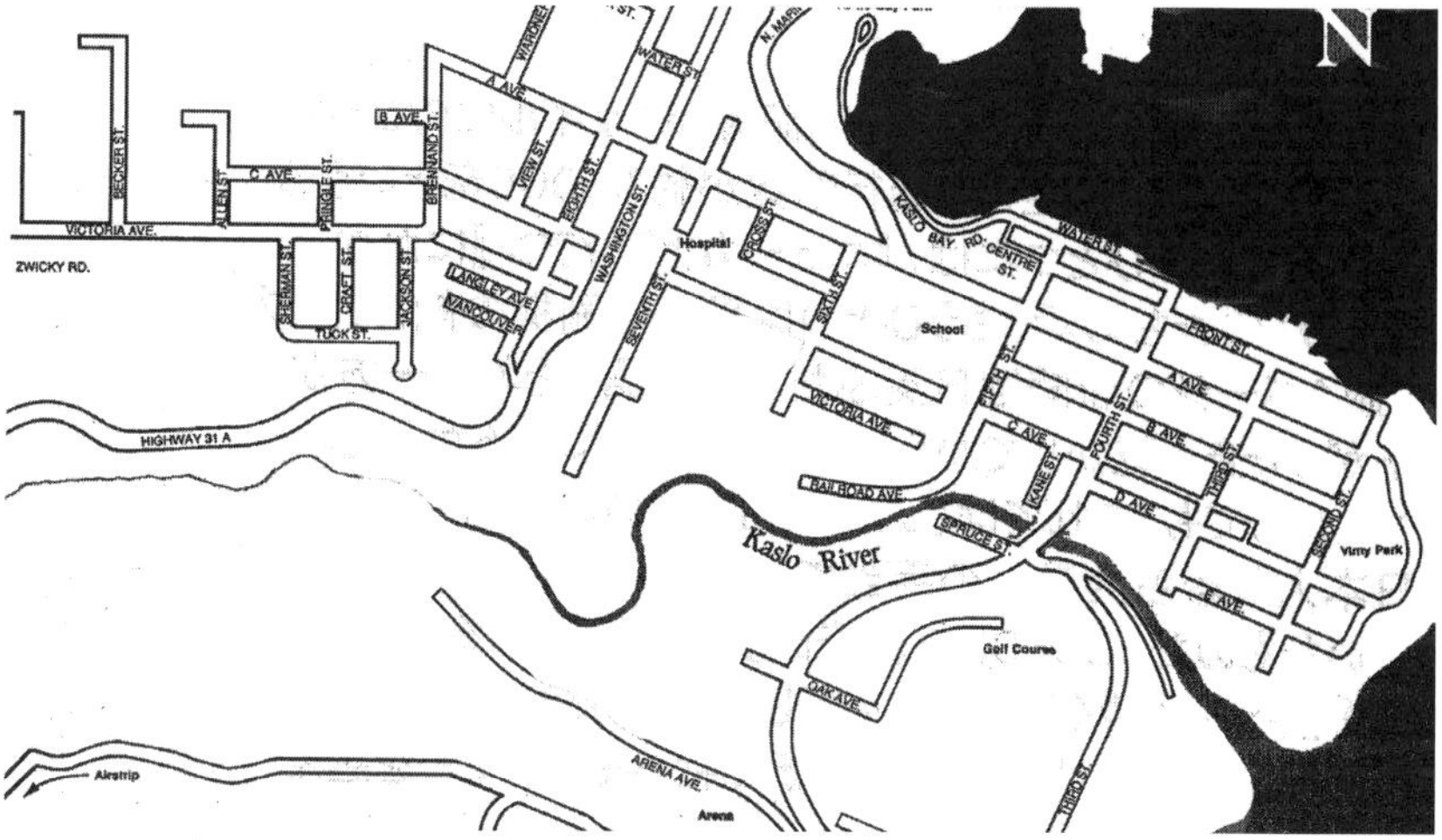

カズローの市街図。フロント通りに「クートネイアン」社、同じく「ニュー・カナディアン」社があった。（「観光ガイド」から）

都市では、郊外の一番街の幅は600~700メートルあるが、ここでは50メートルくらい。それでも「ワンブロック」と呼ぶ。したがって、「目抜き通り」のフロント通りを一ブロック歩いても、ものの数分とかからない。

ここへ来た目的の一つは『ニュー・カナディアン』新聞の印刷を引き受けた地元の週刊新聞『クートネアン』新聞社を訪ねることであった。もちろん、すでに終刊していることは知っていたし、日本人を迎え入れるに当たって社内も、町議会も、町民も相当な議論があったことも調べていた。

翌日、まず徒歩数分のところにある町役場（シティホール）の隣にある図書館を訪ねた。シティホールは小さいながらも三階建てで威厳がある（次頁写真）。四階部分にあたる突き出しには町制度が完成した一八九八年の表示と小さな鐘が置かれ、歴史を誇示している。議会場もある

カズロー町役場。一、二階が役場や議会。半地下は図書館。（一九九〇年筆者撮影）

が、この日はお休み。会議は年に何回もない。図書館には、事前に訪問予定と調査内容の手紙を送っておいたので、館長、といってもパートの女性担当者一人だが、快く迎えてくれた。あとで解ったことだが、私の訪問は町中の人が知っていた。図書館といっても、日本でいえば、公民館の図書室程度、館長兼務のライブラリアンの女性は図書の管理というより、読者の相談に乗る参考係りの仕事が大半だ。山のなかの孤島のような町、本を盗難から管理するような必要は一切なかった。

この日も、数人の児童に読書の相談や指導をしていた。

ライブラリアンは、わたしの調査に快く応じてくれたが、重要な資料はここにはなく、すでに終刊していた『クートネイアン』新聞のバックナンバーなどと一緒に、向かいの郡庁舎の文書アーカイブに保存されているとのこと。近在の住民の一人が、閲覧希望者が出ると、時間を合わせて供覧の労をとってくれる仕組みだ。

郡庁舎といっても、日本の町の小さな信用金庫支店ほどの規模、アーカイブのある地下一階に降りて驚いた。西部劇に出てくる保安官の留置場のような頑強な鉄の格子で囲まれた囲い部屋の鍵をボランティアの女性アーキビストがガチャガチャと重い音をたてて開けてくれた。「留置場のようですね」と初対面の挨拶の時述べると、真顔で「ザッツライト、ジェイルよ」という返事。彼女の名はエリザベス・スカーレット。肩書は「ボランティア・アーキビスト」、主婦のようだ。その後、彼女にはなにくれとなく世話になる。

かくて、生まれて初めて留置場のなかで過ごすことになる。三坪あるかなし、ひんやりとして、正直あまり良い気持ちではない。不思議な気分で調査にかかる。アーキビストは私のために働くボランティアだが、手際よい。なかでも『クートネイアン』新聞の束には引き込まれる。北米にはこのような発行部数が数百部の週刊ローカル新聞が数万社もある。

なかにはミニコミには違いないが、何人かの家族や従業員が生活するに足るビジネスで百年以上の社史、数代に渡る家業として町の尊敬を集めているのもある。スタッフも、大学でジャーナリズム学部を卒業している。新聞と日本人との付き合いは後述する。

この留置場で、十分な資料研究を行い、次の調査ステップに向かう。日本人が収容されていた当時の写真や住民との交流を集めることだ。「収容」といっても、他の収容所と違うのは、鉄柵もなければ、衛兵の監視もなかったことだ。ロッキー山脈地続きの山岳地帯の孤島、脱走の道もなかった。

どんな町にも歴史協会というのはあった。日本の「郷土史研究会」を連想すればよい。留置場での調査を終えて、町を歩いていると、「日本のドクターは君か」と、声をかけられた。わたしのことは知れ渡っているうえに、日本人など余り見かけないので声をかけたようだ。それが、I・

フレーザーとE・エストックだった。職業はガイドと絵書き。ガイドといっても防火、防災をするレイジャー、すごく重い任務だ。彼らが、これまたボランティアで活動している拠点は「ラングハム・ハウス」という文化センターであった。ここで日本人とラングハム・ハウスとの不思議な縁を知ることになる。

エストックは戦後チェコからの移民、「プラーハの春」でやってきたとのこと。彼によればこの町にはウクライナ、ロシアなどから相当数、移民が続いている。内陸国の風土が似ているのだろうか。「住めば都」である。これといった産業は少ないが、山や沢、谷の好きな米国人たちが、夏のあいだ結構訪れるとか。観光とリゾート地として整備されてきた。また、ガイドというのは町を訪ねるわたしのような外来者への応対もあるようだ。

一九四二年初夏の大移動、「日本人は『棄てられた民』」か

さて、一九四二年初夏に時計を戻そう。「民族移動」という言葉は、それを経験したどの民族にも容易ではない試練があった。ヨーロッパでも、中東でも、アメリカ大陸でも古代以来、試練が伝えられてきた。根こそぎの移動はこの時点まで、日本人には体験があったろうか。戦後、大陸や北方領土から経験することになるが。民族移動には、土地を捨て、家族を伴い、仕事や家を捜しつつ、徐々に動くことになる。中世や古代とは比べられないものの戦時下、日本人はカナダ西海岸から東へ東へ歩んで行った。

梅月もまず家族をクートネイ谷へ先に移動させ、ついで自身も『ニュー・カナディアン』の仕事を抱えこれを追う。

同紙は、一九四二年八月二十二日号で次のように社告した。

「愛読者に予告

移動にかんする事態が不安定なのと新聞発行に関する政府の規定のためにニュー・カナディアン紙は予告なしに一時的に休刊しなければなりません。しかし政府の規定で防御地帯外での発行とりきめが出来次第、発行します」

「防御地帯」というのは、西海岸から100マイル（160キロメートル）以内のこと、基本的に日本人の立ち入りが禁止された。人もビジネスも立ち退きが強制されていたわけだ。ともあれ、梅月高市ら「キャンプミル労組ローカル31」に所属した「森の男」たちは、東へ東へ移動したが、その尺取り虫のような移動は一様ではなかった。

大雑把にいえば、開戦まもなく、晩市周辺のキャンプや島嶼にいた労働者は、まず男性が小人数か単身で政府の道路工事キャンプに移動させられた。賃労働のためだ。そのうち、家族は別個に軍や民間の傭船、車両で晩市市内のヘイスティング・パークのイベント会場へ集約させられた。食事等はバスケットコートのような大きな部屋に、長テーブルをならべて支給されたが、子供たちの教育はないがしろになった。

一九四二年初夏頃から、日本人をさらに内陸のスローカンシティやクートネイ谷の低地へ集約させることになった。ここには、古いタウンが過疎または見捨てられたままになっていたからだ。空き家が急遽修復され、古いタウンの空き地に小屋が急増され、完成次第、ヘスイティング・パークの女子供から移動させられた。

男たちも道路キャンプから計画（らしきものがあったかどうか）の作業が終了するにしたがい家族を追うかたちになった。そのあいだも、クートネイ低地での受け入れ許容量が足りず、ロッキー山脈を越えてさらに東部の木材関連キャンプや農場への集団移動が奨励されたが、全体から見れば少ない数だった。『ニュー・カナディアン』紙も、政府奨励の木材キャンプや農場への移動をバックアップしたが、梅月やスタッフさえ先陣をきることがなかった。みんなロッキー山脈の東の大地は不案内で、不安が多かったのだ。

かくて、スローカンシティ周辺で住宅が間に合わず、溢れた日本人はカズローやタシメの新規施設に集まってくる。まったく新設のタシメ収容所など、この「溢れた」ともいえる不満が鬱積することになる。

移動は一人一人の日本人にとってはさらに大変だった。わが、梅月さえ、家族は離れていて互いに切歯扼腕の思いで、一日一日を過ごしていた。二人は若い恋人同士のように手紙の交換をして気持ちを確かめ合い、日常生活を助け合った。一九四二年初夏、交換した数十通のラブレターが残存している。

妻の千代からは七月十三日、十四日、十六日、同十六日午後と夫の高市宛の手紙が届いている。

三人の子持ちの夫婦とは思えない熱っぽさだ。高市は返信に記している。

「ことづけの手紙は今朝ようやく貰った。色々なものカズオに持たせようとしたが、出発した後だった。今朝の手紙で買物のアイテムが判ったし、昨日新聞が出て今は少しひまなので買物にいった」

29セントの歯磨き粉から、48セントのタオルまでこまごまとある。すでに一カ月余、これらなしでテント暮らしをしていたのであろうか。スラックスはウールで2ドル95セント、暑さを考え少しよいものを買った。カズオとは妻の弟のこと。

「品物がだんだん高くなるから、今後秋から冬にかけて入用だと思われるものは今買っておくがよい。子供や君の靴、ラバーシューズ、セーター、パンツ、今なら買っておくだけの金はある。サイズ知らせよ」

父親として、夫として、細やかな気遣いが長い文面に溢れる。スローカンに行った何百もの人々はいかばかりか。手紙につぎのような個所が眼をひく。

「さるマンデイ、夕刻にカズオと共に、松下一郎君の父親になる（義父）堀田というよく肥った五十五歳くらいの人が会った。松下君は組合の副組合長で真っすぐな人、堀田の娘にあたる松下君の細君はヘスティング・パークにいるが、見送りにきていて会った。その時、初めて堀田を知ったがスローカンに行っている人を『あの棄てられた民』と語っていた。それを聞いて、僕は堀田氏の敏感さに敬服した。心ある人は気に留めているのだ」

「棄てられた民」は多分、当時、禁句だったろうが、人々はキリスト教の教え受け、ユダヤ人がエジプト以外の土地へ追われた「ディアスポラ」のように受け止めていたのだ。だから、人に託した私信だから書けたのだ。日数のかかる郵便は内容の検閲で皆注意深く言葉を選んでいた。梅月はこの託送の手紙と多少の日用品を携えて、スローカンへ出立するヒロタという日本人を追いかけて駅まで出向いた。駅でも、余白に時間の許すかぎり妻への気持ちを書き足している。

梅月の私信を見ると、日本語より英語で育った二人の子供や英語力に優れた妻の理解を得られやすいというより、万が一、当局の検閲に引っ掛かったことまで、思いが及んでいたようだ。梅月は終生通じて「反カナダ」的でもラジカルな政治信条を持ち合わせてはいなかったが、『ニュー・カナディアン』新聞の日本語ページの編集長という立場を考えて何かにつけて慎重であった。

梅月は日本での兵役を拒否して移民船で太平洋をこえ国境を横切った時、カナダの土になることを決意していた。

手紙の最後には、「昼食は労働者食堂でパン一切れの10セント」だと何気なくスローカン谷の「棄てられた民」への連帯を示した。

戦後、トロントで創刊された日本語週刊紙『日加タイムス』が一九八二年に募集した第一回「文学賞」の入選作品に森哲三の「スローカンの白百合」がある。ここでの思い出を基礎にした小説だ。書き出しはこうだ。

「短い夏がすぎると、ロッキーの連峰からスローカン湖を渡ってくる高嶺颪《たかねおろし》が、日系収容所のある谷間を黄葉でそめた。

十月に入るとすぐ初雪があって、クリスマス前に、山懐はすっかり寝雪に覆われてしまう。太平洋戦争の終わる前年のこと。ここは日系人が敵性国人として強制収容された。ロッキー山系の懐、スローカン渓谷にある収容キャンプのひとつであった」

主人公は十七歳、ここニューデンバーのキャンプで三年目のクリスマスを迎えた。

ＢＣＳＣによれば、一九四二年十月現在、スローカン渓谷周辺の六カ所の大きなキャンプには一万二千人あまりの日本人が収容されたが、この作品の主人公のように三年以上も留めおかれた人も少なくなかった。

梅月千代が最初に列車から降ろされて、テント生活を強いられるスローカンシティなど五カ所の比較的小規模のキャンプはスローカン渓谷にあった。千代等は、やがてカズローへ再移動するが、戦後も長く残る日本人もいる。さきの森哲三「文学賞」作品の主人公設定が多分そうだ。

日本人をカナダ各地の定着コミュニティから引き離してばらばらにして、移動させ、新しい集団生活に抛り込んだが、それまでの生業を一気に失った反面、彼らは別の新しいチャンスに遭遇した。知らない大地、カナダ人、新しい仕事だ。人間関係も同様だ。とくに若い男女だ。

日本人コミュニティはしっかり支え合っていた反面、古い秩序、因習で若い世代を縛りつけていた。日本人同士でも、出身地、姻戚関係、信仰、イデオロギー、両親の世代のなかの人間関係だ。だいいち、若い男たちは、「森の男」、鉱山、漁業、保線などとして人里離れた職場で団体生活をし、若い女たちは、晩市など市街地で小売、家事、手工業、農業、その他雑多な業務の不安定な仕事に就いていていた。互いに異性に自由に接することは限られ、それも日本から持ち込んだ古い因習を乗り越えねばならない。

大移動はこの壁を粉砕したのだ。わたしが、一九八七年夏、トロントでインタビューした内田ふで子の場合もこの因習を乗り越えていた。彼女はカナダ在住日本人や日系カナダ人の生き字引のひとりだ。この物語の主人公・梅月高市やその妻・千代からして幸せな二度目の結婚をしたのである。

第４章 オーシャン・フォールズからの撤収顛末

内田ふで子からの聞き書き

「新聞社」の一団が、最初の移動先のカズローを目指す途次、人々はばらばらに晩市を離れて行った。この機会に日本人の「落ち延び先」にも、足を伸ばしておきたいという取材・営業目的もあるはずだ。

そのなかには、クートネイ湖畔やカズローを越えて、ロッキー山脈を横切りアルバータ州レイモンドの白人農場へ落ち着く梅月の親友・内田一作《いっさく》たちがいた。日本人森林労働者の伝説の町、オーシャン・フォールズの関係者だ。「ローカル31」のメンバーたちの集団生活とも離れた事情が斟酌される経過もあるようだ。

内田ふで子とは、初めて一九九〇年代にトロントで梅月と同じ日系人のキリスト教会の人脈でお会いし、そののち私と手紙の往復となった。内田一作の妻である。

オーシャン・フォールズでは、日本人労組のキャンプミル系の「ローカル31」と、製紙パルプ系の「ローカル312」の双方で活躍し、梅月高市の戦友、そして『日刊民衆』の財政的な支持団体「民衆応援団」をとりしきり、戦時以降は『ニュー・カナディアン』の台所を支えた内田一作には一足違いで故人になられインタビューは叶わなかった。オーシャン・フォールズは、晩市の北、会社の船で二泊三日の距離の入江の奥にあったカンパニー・タウンだ。

「31」支部と「312」支部とは、友好関係にある。梅月たちの組合が「31支部」をなのったので、上部団体が異なるため「312支部」としたのだ。31支部は山奥の伐採職場、筏搬出職場、製材・屋根板製造工場など木材の加工の上流から下流までの雑多な職場や企業を統括する個人加入の労組なのに対して、312支部は大資本の巨大プラントの職場で日本人だけ加入して結成されている。

梅月高市が労組のビューロークラットからジャーナリストに成長していった人物だとすれば、内田は根っからのユニオニストであった。妻ふで子もそれにちかい。二人とも、戦前はキリスト教会のメンバーではなかった。「キャンプミル労組ローカル31」のなかでは、キリスト教会に入ったのはむしろ少数派である。別に意味はない。同僚、仲間が日本から縁故でやってきて、そのまま佛教会に属していたからだ。

ところが、晩市を離れてそれぞれ収容所へ移動してみると、キリスト教会は生活の相談相手、若者の仕事・余暇のネットワーク作り、子供たちの日曜学校などで存在が大きくなった。この期間にキリスト教会に出入りする日本人が増えた。

教会の側もカズロー方面は「ユナイッテド教会」、スローカン地域は「アングリカン教会」などと手分けして、「難民化」しそうな日本人の世話をやいた。『ニュー・カナディアン』にも、各教会が行き場を見失っている読者に「グリーンウッドには住宅の空きがあるよ」「サンドンにおいで下さい」などとメッセージをよせていた。

内田一作・ふで子夫婦も、その一人のようだ。結婚に儀式をおこなった旧知の清水小三郎牧師にしたがって移動したままでという。旧姓佐藤ふで子は一九一五年（大正四年）、横浜に生まれ、四歳のときにはウッドファイバーにきている。一九一二年創業の通称「ミル・クリーク」会社、「BCサルファイトファイバー会社」、合併・転売などでBC州の製紙パルプ会社はなんども社名を変える。それだけ、資本にとって旨みのある産業だった。資本額が大きくなれば、それは力のある米国資本しか投資できない。

ともあれ、ここの製材部門に仕事を得た父・徳五郎に従って渡加したのだ。山形出身の父はもともと大工で、会社町ができ始めると、事務所や工場、社宅から建設し始めるため、まず大工、それも仕事の質が評価されていた日本人の一団がボスと呼ばれた一種の頭領、「手配師」に連れられて、日本の農村部から到着するのが習わしだ。

大工の仕事が終了すると、多くは、製材所の仕事にありつく。熟練度、語学力、その他の能力向上で、まれには製紙やパルプ材、ヤード、など川下《かわしも》の業務に抜擢されることもあったようだ。佐藤徳五郎は開戦の一九四一年まで、三十三年間ウッドファイバーで働いている。ふで子は開戦前年の一九四〇年、二十五歳のおり、同じウッドファイバーの労働者佐々木浄の仲人で、オーシャン・フォールズにいた神奈川県足柄の出身の内田一作と結婚する。神奈川県西部地方の出身者も多い。

内田一作と佐藤ふで子はすでに知り合いだった。男女の知遇のきっかけは判らない。夫の一作はオーシャン・フォールズで「ローカル312」の活動をしながら労働者として働いていたので、ふで子も移動する。ウッドファイバーとオーシャン・フォールズは地形がよく似ている。BC州本土の西海岸の無数のインレットの一つで、切り込んだような入江の奥に会社町があり、会社の社船でもない限り晩市から到着できない。たぶん、二つの会社町を行き来するには、一度晩市に来るのが一般的だったと思う。

ふで子は、オーシャン・フォールズへ来てからは、婦人会の役員や子供たちに日本語を教える日本語学校のパート教員をして開戦を迎えた。前述のように、内田一作の話を聞く機会を逸したが、そのかわり、ふで子の話はとても価値あるものであった。

オーシャン・フォールズからの撤退

内田ふで子が結婚でオーシャン・フォールズに移動してまもなく、白人の国際組合オルグはここに組合支部結成に成功、日本人労働者はその日本人部として「ローカル312」となる。内田や左翼の活動家と自任している二瓶熊吉《にへいくまきち》が長年、潜航工作してきた結果だ。

内田と二瓶は交互に「ローカル312」の支部長などの幹部を担当してきた親友で、梅月の友人でもある。内田は実弟の武も日本から呼び寄せ、一緒に働いていた。ただし、組合運動への接触の動機はみな違いがある。当然である。以下、ふで子の話。

内田一作は十五歳のとき、父親・一郎の呼び寄せでまず渡加した。当初、ニューウエストミンスターの町に近いフレザー・ミルに少年工として配置されたという。この製材所も古く、また日本人の草創期の現場として名高い。ニューウエストミンスター（日本人は新西院とかく）という町はパウエル街と背中合わせに大河のフレーザー河に面して生まれた所で、歴史はふるい。日本人は最初、この町に足跡をのこしている。

フレザー・ミルは度々所有主と工場所在地を変え、日本人もよく争議に巻き込まれ、また反対に白人への「スト破り」の日本人としても知られる。内田が低い待遇や白人社会からの差別で悲惨な状況にあるのをみて、発奮、鈴木悦らの日本人労働組合に接近して入会した。鈴木は新人が入ってくると、得意の弁舌で洗脳、すぐ任務を与える。活動家にするための訓練だったようだ。その体験をもつ労働者は多い。「ローカル31」の組合長になる佐田種次も、二瓶もその経験をもつ。

内田一作には、フレザー・ミルの労働者を組合に獲得する工作をせよ、という指示がでた。晩市内とミルとは少しかけ離れていたが、若干の工作費を受け取ってCPRのローカル線にのって勧誘にでかけた。日本人労働者たちは、『大陸日報』や伝聞で日本人労組ができていることは、知っていたが、一方会社側やボス側も知っていた。

フレザー・ミルは市街地にあって労働者もオーシャン・フォールズやスワンソン・ベイのように職場も社宅も入江の奥の空間に共にしているのと、様子が違う。どちらかというと、住宅地からミル（製材所）に通勤する「都市小市民」化している。内田の勧誘においそれと乗ってこない。

かくて、内田の「オルグ」初発は失敗に終わった。どうやら、鈴木悦の指示による「工作出張」の経費は片道切符だったようだ。帰りは、獲得組合員の組合費から清算せよ、ということか。徒歩でパウエル街に帰る始末だ。

また、組合の執行委員に度々、地方のキャンプにも工作を指示しているが、だいたい宿は相手のキャンプのだれかの私宅に世話になる習わしだ。ところが、フレザー・ミルは市街地にあるため、労働者はそれぞれ下宿や間借りで生活していて、「一宿一飯」のサービスを提供する余裕がない。安ホテルを探すことになる。

というわけで、内田一作の最初の公務は散々であった。晩市へ帰る電車賃がない。やむなく徒歩で帰宅した次第だ。こんな話は非常に多い。内田は二瓶同様、専従ではなかったがユニオニスト（組合活動家）として、誇り高く生きた。

開戦で、オーシャン・フォールズを追われ、晩市経由でホープの道路建設に動員され、カナダを横切って、最終的にトロントにたどり着く。この重労働の連続の移動がどれほど、苛酷であったかは、一作の兄・武がホープでの工事で重傷、それが原因で寿命を縮めている。

内田一作は内陸部に移動したあとも、かつてのオーシャン・フォールズの組合員を中心に「民衆応援団」時代同様にカンパを集めて、梅月に送金したり、キャンプや日本人の状況を筆まめに通信して協力している。梅月高市の仕事が『ニュー・カナディアン』になってからは、これらの通信記事や原稿は状況を把握するうえで、どれほど有効だったことか。長い間、組合運動に携わって来ただけに、同志の消息、組合の回顧記事は重要な記録となっている。

内田一作をめぐる男たち

鈴木悦、梅月高市、内田一作、二瓶熊治、左田種次《さたたねじ》らは、大きな路線では、日本人労働者の生活、権利、運動を擁護するということで、足を踏み外していないのだが、小さい周期では対立、論争、喧嘩をしなかったわけではない。人間としての好み、若さ、組合の未熟さ、カナダ国内、日本の政治からの影響、さまざまだ。

一九二九年、引き起こされた、『無産青年』事件もその一つ。これも、関係した彼らが開戦による「総移動」で、晩市を離れ、ばらばらになり、そこかしこで、新しい日本人コミュニティの再結集が始まり、古いしがらみが氷解するなかで、静かに語られ始めた。これは、面白い現象だ。

「事件」はこうだ。神奈川県出身の若者たちが、中心になって「労働者青年同盟」なるものが一九二七年に生まれた。若者があれやこれや、いろんな団体をつくった時期で、「同盟」もどれほどの力があったかわからない。ただ、勉強のサークルだけなら、誰にも文句をいわせることはなかったが、演説会を開いたり、雑誌『無産青年』なるものを発行したりして動き出したため、せまいパウエル街のなかでは「アカだ」と年寄りに警戒され始めた。

ここに「第三インター」系の思想を誰が持ち込んだか分からない。多分人脈というより、文書だろう。日本では抑圧が激しかったから、米国経由かもしれない。もっとも警戒したのはなんと鈴木悦である。社会民主主義思想の鈴木は直ちに反応した。例によって、「同盟」は鈴木らを、「だら幹」（だらしのない幹部）呼ばわりして攻撃していた。「なまぬるい」、ということだろう。

鈴木も四十歳そこそこ、気分も激しい。ただちにキャンプミル労組から内田一作と高橋源七が会議で除名されてしまったとされるが、被除名者は兄の内田武のようだ。また内田の手記によれば、「平林君は日系人左翼の鈴木悦狙撃運動の仲間で労組から除名された。現場に居合わせなかった私の首はとばなかったが、鈴木さんから睨まれた」と述べていて、「事件」の全体像はまだ闇のなかだ。

「狙撃事件」などと穏やかでない表現だが、別に武器を使っての攻撃ではなく、肉体的に接触した程度のやや乱暴な行為だったのかもしれない。

カナダでも実際に武器を持てば未遂でも刑事訴追の対象になる。「同盟」員ではあったが、比較的穏健とみなされたのか、鈴木への個人攻撃をしなかった亀岡徳衛、梅月、内田一作らは対象外だった。

この除名問題、かなり尾を引く。高橋は、それからずーっと協力を拒んだ。のちに、米国共産党日本人部のカール・ヨネダとも連絡をとり、キャンプミル労組を批判し続ける。内田一作はどうしたか。彼は冤罪を主張したようだ。第三インターに近いのはむしろ兄の武だったと、妻のふで子は語っている。彼女は、夫は「鈴木の誤解」だといっていた、と。ことの真相は今となっては分からない。ただ、言えることは、みな若く、口角泡を飛ばすことが好きで、青臭いイデオロギー闘争が跋扈していたことだ。

鈴木悦を中心に星雲のようだった日本人労働者は組合に結集したが、その鈴木との意見の相違でのごたごたは歴史の浅い運動体のご多分にもれないことだったろう。最初の機関紙『労働週報』の有料『日刊民衆』化の議論もそのひとつ。朝日新聞記者だった鈴木には『労働週報』のような機関紙ではどうも物足りなかったのは理解できる。

初代組合長の佐田種次と鈴木も考えが合わず、結局、佐田は辞任、露木海蔵にかわった。露木海蔵は巡回映画を生活の手段にしていて、ランバージャックとしての経験は、ほとんど記録にない。佐田は組合結成の動機となったスワンソン・ベイ争議の立役者、初代の組合長で信望があった。佐田は辞任後、海峡をはなれたバンクーバー島の製材現場へ戻る。商業新聞『日刊民衆』の創刊には鈴木の強いイニシアティブが働いていたのだ。これらは、『労働週報』の残存が皆無なので、推測の限りでない。

内田武が戦後（一九五七年二月二十七日）、『ニュー・カナディアン』に次のような要約の回顧を書いている。

「十七歳の時、父と同行してカナダに渡航、直ぐに労働運動、社会運動に興味をもち、現在の社会は余りにも貧富の差がはげしく、働くに職のない人々をみて、制度を変革して富を分配し、人民平等の主義に共鳴、と考えた。当時、日本人労働組合員であったが、共産主義として除名された、が党の集会にも行ったことはない」

どうやら内田兄弟が除名されたが、鈴木の誤認もあり、なにより彼らは共産主義の何かを知っていたわけではなく、鈴木に楯突く過激な若者として切られたようだ。結局、内田一作は、晩市を離れて、オーシャン・フォールズで長年、働き、組合結成には「ローカル31」ではなく、国際製紙パルプ工組合の「ローカル312」の幹部として開戦を迎えた。国際と名が冠しているように本部は米国にある。この「ローカル31」も「312」もそれほど意味はない。電話番号のようなもの。ただ、内田が「312」としたのは、組合は別個だが、「兄弟」という意味を込めたらしい。

内田は移動にさいしても、梅月に合流を求められたが、スローカン谷の収容所群にゆかず、ロッキー山脈を越えて、隣の州アルバータのレイモンドへと向かうことになる。いずれ戦後トロントで合流するのだが。

ここで、アルバータ州には、戦前から沖縄出身者たちが一群の日本人が農業を営んでいた。

解き明かされる『労働週報』の実態

調査というものは面白いもので、残された文書類が語るものと、文書では不明なことがある。進行中の事案を記録している商業新聞は第一次資料で、事案が実際存在していただろうが、内容がすべて真実かどうかはまた別の問題である。「にせのニュース」もまぎれこむ。歴史的検討には新聞記事は不可欠だが、金科玉条、真実かどうかは注意深く扱う必要がある。

こういう経験がある。明治になって会津戦争に敗れて「くに」を失った会津の武士と町人と主張する女性「伊藤けいこ」たち一行が、密かに日本を脱出してカリフォルニアに「ワカマツコロニー」を創ったことは知られている。のち、「おけい」という女性の顕彰も行われている。

ところが、この会津藩の米国での再建は短命だった。わたしは、米国で一八六九年（明治二年）のカリフォルニアの英字紙を調べていたら、「近く五百人以上の会津藩士が到着する」という趣旨の記事を発見したことがある。「くに」を喪失した藩士たちがユートピアを建設すべく何らかの企図があったことは事実で、相当額の資金、農業用資材を持参、入植したのは本当であった。ただし、五百人はおろか五十人にも達しなかったようだ。これでは米国のような多民族が続々と到着する未知の大地では「溶けて」しまう。

新聞の記事のネタ元は、この米国行きを世話したプロシア人武器商人ヘンリー・シュネルの新聞記者への「ほら」だった。たんなる希望を述べたのか、企図グループのなかの提案だったのか、米国の投資家目当てのＰＲだったのか。いずれにしても、多くみつもっても十数人の会津藩士や「おけい」らは米国の土になった。

この調査はわたしの著書『海外の日本語新聞』（世界思想社、二〇〇八年）に収録したが、資料・文書で不明のことは、聞き書きなど、別の方法が必要だ。「鈴木悦狙撃事件」も聞き書きを拾ってゆかないと掴めなかった。

「ローカル31」や『日刊民衆』関連の資料とは別に、わたしが生存者の聞き書きを多数集めたもう一つの狙いは、『日刊民衆』の前に発行されていた『労働週報』についての痕跡を探りたかったからだ。

オーシャンフォールズの国際紙パルプ労組支部の幹部。左上がジョン・ニヘイ。（二瓶熊吉提供）

何度も書いたが、『日刊民衆』は部分的だが残存しているものの、『労働週報』は一部も存在していない。いや、努力しても紙片すらまだ見ていない。一九二〇年に創刊し、一九二四年終刊している。

『労働週報』の制作に直に接していて生存していた二瓶熊吉とのインタビューのなかで、明らかになったことがある。二瓶は、戦後ジョン・ニヘイと名乗っていた。筋金入りのユニオニストだ。

『労働週報』の創刊は一九二〇年八月十一日である。その創刊号で「吾らの踏むべき一路」と高い調子の宣言文を鈴木悦は書いた。これらは、梅月が確実にまだ原資料の存在していた一九三〇年七月の『日刊民衆』に「キャンプミル労組十年史」として書いたなかで触れているので確かである（この十年史は『海外へユートピアを求めて』社会評論社、一九八九年に収まっている）。

その創刊時に発送などで手助けした二瓶熊治によると、八ページ、タブロイド、五百部ほどの印刷、三百部ほどを郵送するのが二瓶少年の仕事だった。仕事といっても、福島県二本松出身の尊敬する先輩・神野専《かみのせん》に頼まれたボランティア、原稿は鈴木悦のほか、御手洗喜三郎、柏木徳兵衛らが書いた。

印刷所は晩市市内にあった大洋印刷所での活版印刷だったが、鈴木悦らが、日本人会の改革運動に手を出し始めた一九二一年になると、晩市の日本人商工業者たちが、大洋印刷に圧力をかけ、印刷を断ってきた。このため、『週報』は数週間、印刷がストップしてしまった。これには組合も困り果てていたところ、『大陸日報』の幹部社員の一人波韵長田正平が印刷してあげようと引き受けた。かくて溜まっていた原稿の山を一気に印刷した。長田《おさだ》波韵《はいん》は『大陸日報』創刊した山崎寧の右腕記者で長いあいだ記事を書き、日本へ帰国後も執筆し続けた。

のち、『労働週報』はガリ版で印刷したこともあるが、基本的には活版だった。二瓶によると、『週報』はオカナガン地方に日本人労働者が集積しはじめて、支部もできるようになると部数が増えて一時二千部ほど印刷したこともあるようだ。

二瓶少年も苺摘みのアルバイトで生活していたが、『週報』発送のボランティアばかりやっていることもできず、バンクーバー島の南部にあるレディスミスという小さな村で伐採（ロッギング）キャンプで働きだす。十九歳だったが、一日二十四時間労働もあることに、さすがについてゆけず、一九二一年にはオーシャン・フォールズ会社町の近代的な製紙パルプ・プラントに就業する。

ここで一九四一年の開戦まで二十年間働くことになる。いずれにせよ、『労働週報』の輪郭が聞き書きによって明らかになった。これは、貴重な記録である。

第5章 『クートネイアン』新聞社に同居

『クートネイアン』新聞社跡を訪ねる

梅月の新聞社の仲間たちへの聞き書きで、少し道草をくったが、本人と本題に戻ろう。カズローの街は通りが縦横、それぞれ四、五本しかなく、その一本のブロックのあいだも、ものの50～60メートルしかないから、新聞社あとはすぐに分かった。

なぜ、ここが新聞社だったかというと、建物の入り口にプレートが下げられ、ビルの来歴が書かれている。見ると、たいていのビルに故事来歴のプレートがある。新聞社あとは、洒落たブティック様で、どうやらこの街のおしゃれ発信源らしい。

若い従業員にプレートの由来を聞いたが、日本流にいえば「街おこし」の一環として、由来の分かる主な建築物にはどんどん貼り付けているようだ、欧米ではよくみかける風景だ。人間だけでなく、建造物にも履歴書があるというわけだ。

『ニュー・カナディアン』がこの街へやってきた一九四二年、『クートネイアン』という週刊新聞の本社だった。一階が事務室、応接室、階下に印刷室があった。『ニュー・カナディアン』は英文欄が半分以上を占めていたからこの社の英文ライノタイプと印刷機が必要だったのだ。問題は、日本語活字・『大陸日報』のを借りては晩市から運搬しなければならない。

そこで、地元新聞と『ニュー・カナディアン』はともに週刊なので、印刷日を交伍にシェアすること、編集は隅のほうでということになった。ビルは一八八九年建設当時のまま、ここから二つの週刊新聞が世に送り出されることになった。

『クートネイアン』新聞はその元の新聞社を購入した印刷屋が一八九六年に改題したもの。日本流にいえば、明治二十九年、新聞社も事業だから現在も、どこでも広く売買されている。わたしは、その新聞売買の専門業界紙を読んでいたことがあるが、「新聞社、売ります。2万ドル」くらいの相場からある。日本円で二百万円。「若ければ一社買いたいね。週刊ローカル新聞社の社主もいいじゃないか」と親しい友人だったノーザン・イリノイ大学の教授に話すと、「われわれも同じだ」と合槌。因みに、この大学のジャーナリズム学部は、『週刊ローカル』の記者・経営者を専門に教育している学部だ。こんな大学がいくつかある。

『ニュー・カナディアン』はこの一九四二年の『クートネイアン』社に同居するわけだが、そこへの道も平坦だったわけではない。

一九四二年五月には、晩市周辺でも、道路建設キャンプへの動員は続いた。これらの成人男子をのぞく相当数の日本人婦女子や老人も、自宅を離れて内陸部へ移動していった。

クートネイ谷のなかでも、さらに交通不便な奥地、カズローも収容先に決まりながら実際の移動が進まなかったのは、この地を知っている日本人が皆無に近かったからだ。

カズローへゆくには、スローカン谷まで、だいたい二泊三日かけて、鉄路や車でゆき、さらに湖面汽船を使用しなければならない。日本人が下車したスローカンシティ、ロズベリーなどの村には鉄道が敷かれていた。カズローはさらに離れていた。そこで、日本人コミュニティの「合法的」なリーダーになっていたキリスト教会牧師が事前の視察をして移動予定者の不安を和らげることになった。その任にあたったのが、日系会派のひとつ合同教会の清水小三郎牧師である。

キャンプミル労働者についてもキリスト教会抜きではその歴史は語れない。カナダの日系キリスト教会は、日本国内の状況も反映してメソジスト派、長老派、組合派などに分かれていたが、一九二五年六月、この三派が合同、「カナダ合同教会」が誕生した。日系コミュニティの約四割を組織したとされ、それ以外は聖公会、救世軍、それに少数のカソリック、その他だ。清水、赤川、樺山、鏑木らの著名な牧師、信徒では、山家、門田それに梅月夫人となる露木千代らもこの合同教会に属する。

それはさておき、カズローを下調べした清水牧師の報告をまって、晩市市外組のウッドファイバー、ブリタニア、新西院（ニューウエストミンスター）の百五十人がまず一九四二年五月出立。ようやくカズロー行きが動きだしたのである。

ばらばらにされた「ローカル31」の指導者たち

戦争突入で混乱していたものの一九四二年初夏までは、『日刊民衆』や「ローカル31」業務の後始末で梅月高市や相当数の幹部は晩市の市内外に留まっていたが、やがて一人一人と移動してゆくことになる。日本人へのボランティア活動も大事だが、家族や自身のごはんの心配もしなければならない。

それぞれの「おちのび」方を拾ってみたい。

①　清水小三郎

カズロー視察から戻った清水牧師はすぐさまニューウェストミンスター（日本人は新西院と表記）というバンクーバー（日本人流では晩市）の南、フレーザー河に面した町にいた家族を伴ってカズローへ向かう。清水牧師はもちろん「労働者」ではないが、BC州の小さな島嶼のキャンプまで伝道に足を運んできた。『カナダ日系人合同教会史』（一九六一年）によると、一九二〇年代にはオーシャン・フォールズに実に二年間にわたり伝道活動にささげている。清水はウッドファイバーとオーシャン・フォールズ、双方のキャンプで伝道しているが、これが内田一作とふで子のふたりの生活空間であったことが、結婚での橋渡し役をしたことがうなずける。

さきの『合同教会史』によると、清水牧師はカズローへの移動が命じられ、晩市合同教会は四十六年間の歴史を閉じるが、この間、鏑木、赤川、清水ら、よく名の知られた牧師たちによって多数の日本人が受洗している。とくに、清水のもとで、十六年間の教役期間、実に四百七十八名が受洗したとある。鏑木五郎牧師は、かつて縁者になる山本宣治を晩市に留学させている。牧師たちはカズローに移ってからは、梅月らと協力し、カズローで伝道以外に、教育、児童保育等の仕事で汗を掻くが、これは後述する。

② 安浦茂

その語学力をかわれ、またオーシャン・フォールズでの長年の組合代表などの経験をもとに、晩市の日本人の出立を最後まで見届けようと、梅月とともに残っていたが、五月十八日には、リルエットのキャンプに移動した。

③ 岩崎與理喜

『大陸日報』社長・山崎寧が晩市をはなれて満洲等へでかけているあいだ、同社のビルなどの資産管理を岩崎の妻で、山崎の娘であるみどりと共におこなっていたが、グリーンウッドへ移動するため、同社に留まった。ここには、当初、梅月ら単身者が間借り、ついで『ニュー・カナディアン』新聞社も、創立時の二世団体のオフィスから五月二十七日、東カドバ街のここへ移転したと、同紙に告示している。これも移動準備のためだ。

④　山家《やまが》安太郎《やすたろう》

ヘネーの日系「農協」の指導者。彼も、五月十四日、ホープ第一号キャンプへ移動した。ヘネーのような晩市からかなり内陸部に位置する村は、移動しなくてもよいというような噂もささやかれていて、安心していたが、期待は夢に終わったわけだ。

⑤　赤川美盈牧師

六月中旬、マニトバ州へ出発。赤川といえば、鈴木悦・田村俊子夫婦の結婚式を司ったことで知られる。

ともあれ、沿岸から１００マイル（１６０キロメートル）までの「防御地帯」とされ、鉛筆で線を引いたように区分けした内側に住む日本人は否応なく、根こそぎ「引き抜かれた」。白人たちは、移民として祖先が大陸にやってきた習性で、大地を物差しで直線に引くように、切ってしまうことに慣れているようだ。先住民の居住区域、ランチョ（牧場）地区、米加国境、いずれもこの手法だ。

一九四二年五〜六月は、日本人の大移動（マス・エバーケーションと呼んだ）のピークだった。この頃の『ニュー・カナディアン』紙面を見ると、日本人に馴染みのない移動先の新地名がやたらに出てくる。

ミント、ブリッジリバー、オッターバーン、グレンコー、スリーバレー、シュライバー、ドレスデン、グリフィンレーキ、レーモンド、レベルストック、ヤコーヘッド、ソルスコア。いやはや、今日でもほとんど探せないか、小さな地名だ。

重要なことは、これらの地名の町、村、集落も日本人が腰を落ち着けて、長期に生業を再建してゆける保証がなんらなかったことだ。政府の政策、受け入れた集落の事情、とくに許容人員や住宅の不足、戦時の各地の労働力需要の切迫、などによって、いずれも再移動、再々稼働が見込まれていた。なにしろ、連合軍の一員として英領カナダは日本など枢軸国と戦場で死闘をくりひろげ、そのために全カナダの人的資源、生産力、能力を戦争に投入していた時期なのだ。

このストーリーの主人公・梅月高市のカナダへの忠誠、同胞への思いやり、『ニュー・カナディアン』への全力投球など小さなものであった。『ニュー・カナディアン』はこの大混乱、カナダ中の大地をのろのろと「エクソドス」として、文字通り三々五々に東へ向かってゆく日本人の情報の命綱であった。

それはBCSC（日本人管理機関）の細切れのような指示、宣言、情報をこれら日本人の「難民」に伝えるパイプであり、何百というグループに分かれて移動中の日本人をたがいに結びつける細いネットワークであった。この時期、わが梅月は家族とどのように助け合ったか。

梅月夫婦を結びつけた日誌風の手紙の束

梅月が家族をスローカン谷へ見送ったのは五月上旬、妻の千代とマジョリーら家族はそれからのろのろとカズローへ到着すわけだが、『ニュー・カナディアン』が最終的に晩市を離れるのは、十月下旬であるから、約五カ月間、夫婦は離れ離れになっていたことになる。ほとんどの日本人が同様だった。前途の不透明な混乱の時期にである。

多くの家族が別離のあいだは手紙でのコミュニケーションである。梅月も筆まめに書き送っている。前述のようにその手紙の束が残っている。

手紙にはあたかも公文書のごとく、整理され、ナンバーが打ってあるので、戦後、私信として打ち捨てないで、文学作品としてよくある「夫婦の愛の交換書簡」のような形で何らかの発表のようなことを考えていたのかもしれない。ただ、最初の妻・千代が病身で急逝し、その親友であるもう一人の「千代」と再婚したこともあり、発表は思いとどまったのかもしれない。ただし、この「愛の交換書簡」、二番目の妻千代によって保管され、私のもとへ届けられている。

この間の手紙は全部で五十一通である。まず、形式的な面から整理すると、以下の通りだ。

①すべて、当局の検閲を経ていること。戦時である。言論の自由、私信の秘密といった民主的な主張は通らない。これが通るなら全日本人（人種としての日本人）を強制的に収容所へ抛り込むことは不可能だ。戦争とはそういうものだ。検閲は日本語を理解している不慣れな白人の限られた人員で実施された。これは秘密でもなんでもなく、『ニュー・カナディアン』紙上で読者に何度も注意を呼び掛けた。

私信も検閲に協力するため、可能なら英語で書くこと、それもはがきがベターだ。内容や用語に充分注意し、ゆめ、カナダの国防法に違反しないように、と注意した。数千の日本人家族が強制的にばらばらにされ、電話もないなか、手紙だけが、家族のあいだの意思疎通である。その郵政当局の煩雑さは、想像にかたくない。

②梅月の家族宛の手紙の現物だが、不思議なことがある。梅月高市から妻・千代や娘のマジョリー宛のものばかりで、その反対はない。梅月が保存していたのなら、家族から彼への手紙が多数あってもよさそうなものだが、いまのところ一通もみあたらない。この手紙の束も保存・整理していたのが、妻の千代であった、と考えると種々説明がつく。千代宛のものには、検閲を早く通すために、英文混じりである。娘へは全文英文である。カナダ生まれの二世である娘たちは日本語を知らない様子だ。これも、「カナダ化」を家族の方針とする梅月家の結果だ。日本との絆を大切にして二世のうち何人かは、日本の祖父母のもとへ送り、日本語教育を施して、「帰加」(帰加二世とよんだ)させる家庭とは異なる。

③木材パルプ・製紙が主産業のカナダとはいえ、戦時で用紙も配給制になった。手紙の用紙は千差万別、ノートの切れ端もある。なお、梅月も英文の手紙をある程度作成しなければならなくなり、末尾の署名をTak Umezukiとし、この頃から、他界するまで、TUとするようになった。

文章の内容は友人・知己の動静が中心

手紙の束を読んで感心するのは、家族へは当然として、梅月の友人・知己・仲間たちへの思いやりである。その一九四二年六月二十八日の手紙を紹介したい。(要約)この時点での状況、心理をよく現わしている。

「今日の日曜日はとてもよい天気なので、ビーチ(カタカナの原文はすべて英文)にでも行こうかと思っていたところ、マスダさんから電話、婦人部の人たちがプリンス・ルパート(北緯五十四度のアラスカとの国境にある港町)からきているミセス・アベを呼んでいる。食事会に来てくれというので出かけた。例によって揃ったのは2アワーもすぎてからで、全くいやになってしまった。しかも、肝心のミセス・アベはやってこなかった。ばかばかしい話だが、我慢して人のおしゃべりをきいていた。

日本人町も空き家が増えて淋しくなる。岩崎君一家は当分グリーンウッドへ行けそうにもない。相変わらず時々世話になる。今頃は毎日岩崎君のところのキッチンでコーヒーを飲んでいる。是非一度、ミセスとミスター・イワサキにあてて礼状(イングリシュ)を出してくれ。そちらに行っているミセス・ヤマモトの息ヒューゴ君が明日カーペンターとしてスローカンへ行くことになった。それで、同君にブック四、五冊持って行ってもらう。バイスクルは当たり前のもの買うがよい。但し、スローカンの道を考え、レイクやクリークへ落ち込まないか良く考える。ここに20ドル入れておく、自転車を買うのだったらCCMで42ドル50セントはする、その分はまた送る。

僕から送る金は別としてファミリー・アローアンスだけはどしどし要求するがよい。そして充分とまでは行かなくとも、皆が健康に生きて行く事に気をつけよう。どんな事があろうとも、ホープはすてるな！」

手紙にあるように、どの家庭も家計は火の車だった。元来、長年蓄えたりした衣類、文具、身の回り品を実際上、棄てての移動のため、季節の変わり目、子供たちの成長、環境の変化に合わせた生活の支度ができない。もちろん、金銭上の蓄えもない。女・子供だけで、ゴーストタウンへ行った家族には購入する商店もない。テント生活と食事が保障されているだけ、といっても過言でない。

島嶼、入江、晩市の長年の生活空間から、引き離されて、最初の臨時的な移動地へ移った、一九四二年が最も悲鳴をあげそうな苦痛な毎日だったと、関係者は口を揃える。家族を気遣う男たちも、道路建設キャンプでどれほど切歯扼腕の思いだったことか。日本人はこの逆境のなかでも、自暴自棄になったり、官憲の介入に口実をあたえる反抗をしたり、反社会的な事件をおこしたり、という大きな記録はない。じっと、耐えたのである。これも日本人の文化の一部である徳性だろう。

これができたのも、日本人が一人一人孤立せず、なんらかの集団からはみ出していなかったからだ。その一番の武器が『ニュー・カナディアン』新聞の強いネットワークであったことは、疑いない。心理的な強いインフラだったのだ。

そのネットワークにぶら下がるように、何百もの第一次社会集団、組織、団体が自律的に動いていた。「ローカル31」のアクティブたちは、加えて独自の人間関係の絆で連絡し合っていた。梅月の妻宛の手紙にでてくる何十人もの人名はその絆なの証であった。

まさに「バンブー・ピープル」だった。一九四一年七月二十一日の手紙。

「此の前の手紙の中に書いておいたミセス・ホッタとミセス・I・マツシタが子供等をつれて今晩のトレインでスローカンに行くようになった。昨日オフィスに来て、急に決まった旨知らせ、何か持って行ってあげますよ、といわれるので、今朝買物してきた。

ビリーとボビーにポロシャツ、ショーツ、ソックス。

マジョリーにソックス。

チヨにソックス。

缶詰類を少々買ったが、これは重たくて、なかなか人には頼めない。来る土曜日には比嘉さんが行くそうで、何か持っていってやるといっている、もう少し缶詰類を買って頼もうと思う。二十七日に着くだろうから停車場まで行ってみるように。買物ばかりで、七月分の補助金は送れぬことになる。それでよいか。」

このとき、カナダ政府の補助金（アローアンスといった）は梅月本人に月20ドル、第一子に5ドル、二子と三子に各4ドル、計33ドルだった。千代へは現地での支給のようである。この金額は日本人への支給額の平均に近い。収容所を出て、独自の生活を農場、木材キャンプ、その他の白人の企業への就業を始める日本人は、カナダ人の技術・技能にそった同額に近い待遇を受け取る権利はあった。しかし、全体からみると少数であった。

生活の困窮、極まり、テント生活どん底に

「移動時の困窮は口に言えないほど」と、当時を経験した日本人は振り返る。だが、その機微を表現するのは難しい。残されている梅月高市と妻・千代との間で交換した一九四二年夏の手紙の束は、そのひどさを手に取るように、伝えている。夫婦のあいだの手紙だから、人さまに見せるものでもない。だから、三人の子持ちの夫婦が、若い恋人同士のような思いやりと、二人にしか分からない人間関係の微細な内容や、愛情を物化できないもどかしさや、仕事と家族のあいだの板挟みやら、その他が、文章に溢れて、今日読んでも気が重い。

まず家計。

梅月は妻への手紙なので、家計については飾ることなく、赤裸々にぶちまけている。カナダ政府からの扶助金月33ドルの使い道についてこまごまと列挙し、家族への送金が非常に厳しいこと、夫の側も節約で大変なことを、何度も訴えている。1セントにいたるまで、使い道を妻へ報告している。これも別居のなせる結果だ。

梅月は何事にせよ、会計はきっちりしてきた。貧乏育ちの故かもしれない。さきに、「ローカル31」の業務を閉じるとき、その借財を1セントにいたるまで、はっきりさせ、清算した。組

合員の間にはやっていた講の貸借り帳尻も明白にした。残存している、公私の出納帳が実に多い。彼の几帳面な性格を現している。

住居。

これも、日本人の移動でかなりの負担と我慢を強いた課題だった。妻への八月二十七日の手紙に要旨こうある。

「昨日竹中君から来た手紙に、先週も非常に暑くてテントの中ではローソクが曲がるほどだとあった。少し遅れて送った子供のハットも役に立ったと思う。ハウスも近いうちに貰えるだろう、そしたら落ち着く事もできよう。長く居らぬところでも、夏にこかげの出来るように何か木を一本植えておくとよい。

気にせねばならぬのは子供たちの学校である。うちで何かの方法で勉強させるように。急にさびしくなった。早く上にあがって寝ながら本でも読もう。あつき愛をおくる。高市」

スローカン谷のいくつかの廃村、ゴーストタウンにばらまかれた日本人の婦女子は、夏のあいだ急造のテント暮らしを余儀なくされていた。放棄されていた教育も頭を悩ませた。移動最初の年は日本人はみな同じ問題を抱えていたのだ。

第6章 日本人「移住」を阻んだ住宅不足

『ニュー・カナディアン』新聞社のカズロー移動

一九四二年夏は暑く、人々は混乱し、憂欝だったが、それでもやはり季節は過ぎていった。移動先の当面の最大の難問は住宅問題だった。移動を命じ、強制したカナダ政府も一番困った問題であったに相違ない。長年住んだコミュニティから、ひきはがし晩市市内のフェスティング・パーク（旧万博会場）に集め、週一回の定期特別列車でどしどし東へ送ったが行き先での住まいがないのだ。

この「パーク」と呼ぶ大規模収容施設、島嶼や北方の伐採所から一時的に晩市へ集合させて、東行きを待つ施設という一面と、晩市市内でぐずぐずしている「頑張り組」その他の一世をなかば強制的に収容するという側面もあった。だから、晩市市内の自宅で様子見をきめこもうとしていて、この「パーク」に収容されると、簡単には出られなかった。

その点では、「通過的な強制収容所」といえた。これは日本人の行動基準に一定の制約をあたえたことは確かである。被収容者は当局の判断（だいたいが工事の進捗事情）で暫時スローカン送りとなる。スローカン谷の廃村になっている集落あとを見つけて次々に廃墟の補修や、バラックやテントを設けて住まわせたが、どこもスケジュール倒れの遅延だ。

この作業も日本人作業員を募集してやっとすすめたのだ。

『ニュー・カナディアン』紙の一九四二年十月十日号に興味深い記事がある。スローカン谷の五カ所、約四千五百人の収容施設についての内容だ。

①　**リンクハウス臨時施設地区**

リンクハウスというのは、スローカンシティ停車場の南2～3キロメートルのところにある冬のアイススケート場敷設の建物や空き地に空き事務棟（二百人）、百のテント張り（六百人）のまま。もちろん、食事の設備がないので、政府が設置した臨時食堂ホールで交代して三食とる。

②　**ベイファーム地区**

さらにその南数キロメートルの新築のバンクハウス群、三百人。ここではようやく自炊が可能に。

③　**ポプオフ地区**

さらに数キロメートル南、六軒のバンクハウスに六百人、百二十張のテントに六百人、新築のハウスに六百人。

④　レモンクリーク地区

さらに数キロメートル南、三百の新築のハウスにおよそ千人。

⑤　シティ（停車場付近）地区

古いハウスに五百人、その他百人。

この記事を見ると、すでに六カ月が過ぎようとしているのに、まだ二百二十ものテント張の「住まい」に千二百人もの家族が生活を余儀なくされている。一張りに六人。むろん、カナダ政府の怠慢のためではない。突発した戦争のためだ。これら地区は、東に山、西にスローカン川の南北に細長い地域に、ぎっしり並んでいる。私も車を運転して、南下した。

このため、不思議な現象もあった。晩市やその周辺で近隣集落や小コミュニティを形成して生活していた日本人は意図しないまでも、たがいに壁をつくっていた。それが、あっという間に取り払われて、かき回されて、この地のテント生活やバンクハウス生活に抛りこまれると不思議な新しい連帯感や絆が生まれてきたという。

パウエル街のなかの日本人リーダーの一人で、日本人船員組合幹部でもあった井手律が『ニュー・カナディアン』にスローカンでの見聞を、こんな通信記事を寄せた。梅月の長いあいだの友人・井手も興味深い人物だ。

「汽車がスローカン駅に着いた時には数百名の人々が歓呼して迎えてくれた。互いに見知りの人々は御馳走を分け合って食べている光景はまるでピクニックの如きなごやかさで、平和な新天地も此の気持ちからうまれてくる」

この記事が出た次号の十月十四日号に、『ニュー・カナディアン』のカズローへの移転の挨拶文が掲載される。

「『ニュー・カナディアン』紙も来る土曜日の分を印刷したら、戦時移動に従って移動いたします。十月十七日号を発刊したらカズローへ移転、再発行の取り決めが完了するまで暫く中断、支度は出来るだけ敏速にやって十一月初旬続刊の予定です。今後はサイズを倍にして一週一回発行のつもりです。もし新聞検閲法や技術上の困難、その他のために予定通り再発刊が出来ない場合、お許しください」

技術上の問題というのは、日本語活字の運搬、設置などだ。カナダ政府や軍の協力で『大陸日報』社からかりた鉛の活字の梱包と運搬は戦時下でなくとも容易ではない。カズローで間借りすることになった『クートネイアン』新聞社の小さなビルにこれらを運びこむのだ。英文のタイプライターはいつでもシェアして使えたのだが。

一九四二年夏から秋への戦況とカナダ政府

太平洋での戦争はどうなっていたか。前年十二月八日（カナダでは七日）に真珠湾を皮切りに勃発した太平洋戦争は緒戦こそ日本軍が英米の各地の要衝を占拠した。だが、一九四二年六月のミッドウエイ作戦の失敗で日本海軍が航空母艦など主要戦力の喪失が明らかになってから様相は一変していた。

八月にはガタルカナル島やニューギニア方面での日本軍の敗退が伝えられ、当初の勢いは守勢に回っていた。カナダの日本人、とくに日本贔屓の一世たちの間では複雑な雰囲気であった。晩市市内に移動条件などで、「ごねていた」「頑張り組」が、流れるようにスローカン谷などに動き始めたのは、このミッドウエイ海戦での敗北のニュースが引き金だったのではないだろうか。

これは大きな心理的な最初の転向であった。

日本人はどのようにして戦局のニュースに接していたのであろうか。この課題はきわめて重要である。戦局の情報だから日米双方がそれぞれ、プロパガンダを含み、事実を歪曲して発表するのはやむを得ないが、日本側の虚偽はひどかった。日本にいる日本人は厳重なる報道統制のもと敗北をほとんど知らせられなかった。米国側も作戦上、事実は相当伏せられていたが、比較問題だが、複数の情報源選択肢をもつ米国市民の判断をひどく捻じ曲げるほどではなかった。

カナダの日本人はどうか。

二世は英字の新聞やラジオで白人同様の情報収集力があった。しかし、一世は困った。二世からのまた聞きで戦況を知ったが、ここに、落とし穴があった。それは、短波ラジオである。開戦直前まで、日本人コミュニティでは一種の短波ラジオブームがあった。日本からの「ラジオ・トウキョウ」が聴取可能になったからだ。NHKも、海外放送を始めていた。「ローカル31」の労組幹部のなかにも、山林での伐採や製材の仕事をはなれて、教育を考慮して家族をともなって晩市のパウエル街に居を移し、ラジオ店を経営する人も現れたのも無理もない。

日本人でNHKの海外聴取モニターになっていた人もいる。

また、日本人の生活水準もそれなりに高まり、米国製の短波受信機を購入できた。遠方の島嶼など、アメリカ好みの通信販売が浸透していた。日本からのラジオ放送は、相撲番組が人気で、四季の便りも心を和ませた。当然日本政府の価値観、宣伝ニュース、情報も同時に受け取った。

このため、開戦と同時に短波ラジオは、カメラ、日本刀などと共にカナダ政府に没収されたはずであった。それでも、日本人集団のなかの全てを回収できたわけではない。没収されたものも、英字新聞の広告をみて通販で新たに購入したり、部品を集めて組み立てたりした形跡が多い。

戦争が始まると、日本の国策メディアの同盟通信社、ラジオ・トウキョウ等がきそって日本軍部の宣伝を伝え、それが日本人のなかに一定の影響力を残す。

のちには、深刻な分裂を生むことになる。これは、カナダだけでなく、米国、ブラジルなど日本人のコミュニティのあるところ、共通の大問題であったが、それはまた章を改めて詳述する。

梅月らは、この日本からの戦況情報の浸透が日本人に複雑な問題をなげかけていることに心配し、移動問題の眼鼻がついた六月以降『ニュー・カナディアン』紙で戦局にも言及し始める。分量としては少ないが、この記事は流言を冷やす効果があったようだ。もちろん、事前検閲を通過したものだが、カナダ政府のBCSCの思惑も否定できない。

『ニュー・カナディアン』は、一九四二年夏から、「世界の情報」として英字紙から戦況をピックアップして報じ始めた。わずか四十行ほどの記事で、モスクワ、豪州、ロンドン等の全世界の戦線をカバーするので、日本軍のニュースは十行ほど。それでも、梅月が書く記事としていらぬルマーに充分対応できた。例えば、九月二十三日の『ニュー・カナディアン』は、米国の新聞社からの引用として、日本海軍がダッチハーバーと日本軍占領のキスカ島の近くで米海軍の艦船を攻撃、潜水艦二隻を撃沈という東京電を紹介している。損害等は米国も伏せているが、日本海軍部隊がすぐ近くまで進出していることを知って「安心」した日本人もいたに違いない。この二つの島はアリューシャン列島の一部でレッキとした米国領である。

ともあれ、『ニュー・カナディアン』が戦況を引用だが、日本語で報じていることは、日本人を妙に落ち着かせた。その反対に日本軍の敗北、撤退も記事になった。日本人も「さもあらん」と、納得する一団もいた。

晩市で発行された最後の号一九四二年十月十七日号で『ニュー・カナディアン』は要約次のような社説「左様なら晩市」を掲載して別れを告げた。

「本号をもって暫く休刊、移動した二万の同胞に従って、二週間以内に荷づくりをして新しいホームに移転する。もし我々の政府と国家が軍事上必要ならこの戦時移動を受託する。過去八カ月間の我々のポリシーはこの態度に根ざしている。

我々は戦時の新聞法にゆるされた範囲内で、基本的権利と主義に誠実であったが、勇気と忍耐をもちデモクラチックな理想を主張する事に手ぬるい点があったかもしれない」


ここでいう「我々の政府と国家」というのは、なにをかくそう「カナダ」である。こんな自己批判じみた記事を出したのは、梅月たちの誠実な努力にも関わらず、新聞はカナダ政府の代弁機関に過ぎない、という批判があいかわらずあったからだ。『ニュー・カナディアン』は率直にそうした批判の投書を掲載して、新聞社の考えも載せた。

こういう批判の投書を掲載するだけの勇気、自信、民主主義的なジャーナリズム思想を梅月らはもっていた。反対の意見に寛容な態度はたぶん、大学でジャーナリズム論を専攻したショーヤマ（生山）たちの財産であった。

移転地選定での梅月・生山の苦渋

『ニュー・カナディアン』は晩市を離れた一九四二年秋には英文欄をショーヤマ、日本語欄を梅月、とはっきり責任が確立していた。戦前、各地の日系の新聞は日本語欄のほか、英文欄を設けていたが、それぞれ別の編集部、読者層をもち、両者は意思の疎通を欠き、全然別個の論調、ニュース、広告さえ独自であった場合が多い。

あたかも二つの新聞社が同一紙面の裏表でビジネスを展開しているかのようであった。別に、対立、闘争があったわけではないが、英文欄は二世を読者にホスト国の利害、価値観を背負っていた。一方、日本語欄は日本国の政策、プロパガンダに沿っていた。日米対立が激化すると、トウキョウからの同盟通信社提供の国策情報が増え、この様相は一層顕著になった。

ホスト国である、米加政府はこれを当然、危険視して、長期にFBIやマウントポリス（カナダの国家警察）は内偵して、開戦と同時に日系新聞の日本語欄の主要記者を拘束、一般の在留日本人とは別に収容している。「マウントポリス」というのは妙なカナダ英語で「馬にのる警官」のことだ。馬上で勤務する国家警察官はほとんどなく、乗用車で仕事をしていても「マウント」とよびならわされている。

カナダ側の同盟通信社への対抗措置もとられた。カナダでも、『大陸日報』『日刊民衆』など、幹部社員がこの対象になっている。カナダ国籍をとり、白人と好を通じていた梅月たちは拘束を免れていた。

ところが、『ニュー・カナディアン』では事情が違っていた。すでに多言してきたように、『ニュー・カナディアン』はカナダ政府の支援で発行され、スタッフはショーヤマ、梅月らカナダ政府の給与をえている特殊な新聞だ。記事にも検閲があったものの自主性に任されている。『ニュー・カナディアン』の編集方針やビジネスにとって幸運だったことは、スタッフの大半がこの時期、『大陸日報』社の二階に寝起きしていたことだ。一応、勤務時間と自由時間は区別していたようだが、同じビルのなかで寝食・仕事が一緒だから打ち合せ時間はなんぼでもとれる。二人とも、日英両語をまぜての意見交流のようだ。紙面は日英両語だが、重要なものはそれぞれ掲載し、また一世と二世向きの独自記事もあった。二人とも、家族はスローカン谷方面に半年も前に移動したが、生山の家族はカズローに、梅月のほうはスローカンシティにそれぞれ仮住まいしていた。

梅月の九月二十一日の千代宛の手紙では、『ニュー・カナディアン』は愈々カズロー行きらしいとある。そして、カズローでは当初、多分生山家と共同生活になるかもしれないこと、千代たちをシティへ送ったのは失敗だった、初めからカズローを選ぶべきだった、と述懐している。

仮にカズローで生活するとして、必要な生活用品が分からず梅月は閉口している。日本人管理機関であるBCSCは生活品の支給は行わないため、寝具用のダブルベッドのマットから、下着にいたるまで、晩市からの持参を相談している。

ことに、食事だ。われわれ現代に生活するものが、一週間程度の海外生活をしたときも、三、四日経つと、無性に和食が欲しくなるものである。わたしのように海外生活が長かった経験をもち、研究テーマにエスニシティ（日本語にしにくいが共通の文化をもつ「民族」の独自性）を含んでいるものの和食なしで一年暮らすのは難しい。

もともと私自身エスニック料理も好きで、あるエスニック集団の門をくぐれば、どんなものでも、そこの食事を胃袋にいれる。それで、下痢や風土病に罹ったこともあるが、懲りない。食事はもっともエスニシティと結びついたものだ。海外で日本語をまったく解さない日系の三世、四世のお宅でも、大概、醤油と箸はある。在日の外国人も同様に故郷の食事と切れない。

この醤油は日本食の鍵の一つだ。梅月の一九四二年九月二十五日の妻宛の手紙にこんな一節がある。

「二十三日出発した井手律氏へ手紙と小包をことづけました。うどんもチヤウメンも醤油ももはやないのでシナ人の所を探したがやはりない。醤油は香港製のものを一本買ったが、あんな小さいもので三十仙（大きい四合瓶は六十仙）もする。あんなものでも無くてはならぬ」

どうやら、スローカン谷へ移動した千代は生活上不足しているものを知らせて、工面するよう頼んでいるようだ。そのなかには、「太田イサン（胃散）」、靴、ココア、子供の運動具となんでもある。このことは、スローカンにはなんにもないということなのだ。

戦争は日本と同様、数多い物資を統制・配給制にしたため、ものの豊かなカナダさえ国民は不便をかこった。

この千代への手紙で梅月は、ＣＣＦ（社会民主主義的な「協同党」のこと）の事務所に久しぶりに尋ね国会議員の妻君ミセス・マキネスらに会うが、千代にも、一年１ドルの党費を払って加入し、スローカン地方の白人とよしみを通じるようにと提案している。のち、梅月も移動した先々でＣＣＦの支部活動に参加して戦時下の「難民」と化した日本人への支援を働きかけた。

ＣＣＦは、カナダ労働党の流れを汲む社会民主主義政党のことで、梅月高市はじめ日本人の労働運動関係者で加入していたものは多い。マキネスは伝説の国会議員で、戦時下にも日本人の境遇に同情して、改善の活動をした。

梅月高市は妻への手紙で、ジャーナリストとして、カズローで晩市で発行の英字紙『サン』や『プロヴィンス』が入手可能か、ラジオ聴取はＯＫだったかなど問い、情報源の確認も必要であった。すでにラジオで情報をえているのだ。

梅月の妻・千代への八月二十四日の手紙には、まだ移動先が未定だが、ショーヤマと検討しているとある。それによると、こうだ。

プレス・センサーが晩市にあるため、移動先からニュースのコピーを一応センサーに見せてＯＫでないと印刷できない。カズローでは鉄道のケトル・バンクーヴァー間の路線が遅いため時間がかかりすぎる。その上、カズローはゴーストタウンの一部に過ぎず、ニュースの蒐集が一部に偏る。カムループスかレヴェルストックはどうだろうか、と話し合った。カムループスは生山の父母がいて住居に心配はないが、日本人のいるところと離れ過ぎている。

だが、まだなにも決まっていない、と。

カムループスやレヴェルストックというのは、内陸部の比較的大きな町で、すでに日本人や「ローカル31」のメンバーも住んでいた。

「ただ、日本人があんまりオウチャクを構えているので、当局の方できびしいやり方をはじめたから、『ニュー・カナディアン』も案外早く動かねばならぬかも。なにしろ不正直者が多いので、当たり前にやっている人々が迷惑をしている。ナショナル（日本国籍者）で、デファーメント（滞在延期）を貰っていたもので、グズグズしていたのは大方捕えられてパークにいれられた。近頃、僕もパークへはゆかぬ。ラジオを掃除して使えるか、どうか、知らせてくれ」

どうやら、八月末から九月にかけて、当局からも移動を促す相当の圧力があったようだ。前にも述べたが、梅月は妻に日記を書くように、毎日手紙をよこすように求め、自身も毎日記録しているので、この期間の数十通の手紙は活動記録そのものである。

梅月は『ニュー・カナディアン』を、妻子がおり、日本人収容施設が多数あるスローカン谷に移動すべきか、新聞にとって設備や立地がよいカズローに移るべきか、この時期、相当悩み、検討した。ショーヤマとも意見調整が必要だった。両方の地にいる同志・仲間たちからも盛んに勧誘の手紙が舞い込んだ。

梅月の新聞記者としての決意

混迷、錯綜、論戦のなかで、梅月は妻への手紙で次のように強い決意を伝えた。梅月もショーヤマも山のような難問を前にして、腰が砕けそうになる毎日だったのだ。

「生山君が〝やめたい〟と云ったときに、〝この大切な時にそんな事を言うものでない。一年だけギセイになるつもりでやりたまえ。僕も出来るだけヘルプするから〟といって励ました。今の場合、『ニュー・カナディアン』は絶対に必要なものであるから、僕としては『ニュー・カナディアン』の方で僕を必要としなくなるまで、自分から辞めるわけにはゆかない。スローカンにゆけば、それ相当の仕事はあるだろうが、スローカンだけが日本人の居る所でもない。またパーマネントな定住地とも思えない。

『ニュー・カナディアン』がカズローに移る事は最早確実だとおもうが、期日ははっきりしない。カズローにいる日高君の妹さんのカズ子さんに電報で家を探してくれるように頼んだ。カズローに移ったらすぐ君たちを呼ぶ手続きはするが、十月中に出来るかどうか。

別れてから四カ月近くなるね。身体の調子はよろしい？　この頃はまず安眠、しかし君たちが恋しいね、お互いもう少しの辛抱だね。待っていてください。今日、二十日ぶりにバスに入った。そこの日本風呂はいかが」

梅月を初め、「社員」一人一人が、家庭と仕事、使命感をごっちゃにして、複雑な心境で、晩市最後の数週間を送っていた。梅月だけでなく、ショーヤマも、他の社員も家族と離ればなれの毎日だったのだ。生山も梅月に励まされながらカズローでの新聞作りにその後尽力する。

『ニュー・カナディアン』新聞の最後の印刷をしたあとも、公私ともに「雑用」はあった。梅月も妻への手紙で、毎日荷作りしていること、ショーヤマと二人、または別個に白人の関係者へのあいさつ回りに追われていることなど書いている。日本人は極めて僅かになり、「パーク」収容所へも九月末尋ねたが、中へは入れなかった、という。事態が厳しくなっていたのだ。

いよいよ晩市とお別れで、ＢＣＳは、この最終組のために特別列車を仕立て、『ニュー・カナディアン』の社員とその個人の私物、社の印刷用品、その他をひとまとめにして十月末、出発の日程を示していた。

梅月は一足先に晩市を離れ、タシメ、プリンストン、グリーンウッドの日本人収容所を訪ね、途中、さきの特別列車に待ち合わせて、十一月一日にスローカンへ着く計画を立てた。生山も同じように、別の収容所を訪問することになる。タシメを訪問することは、その後の問題を理解する上でとても重要になる。ジャーナリストとして、この機会に、収容所の実態を具体的に見聞しておくことは、絶対必要だったのだ。また、タシメには森次や露木といった同志たちがすでに入居しており、彼らから日本人の状況を聞いておくことが、その後の編集方針を立てる上で不可欠であった。

第７章　戦時「日米交換船」問題

『ニュー・カナディアン』の一行乗せた特別列車、Ｇｏ！

梅月高市が晩市から妻へ宛てた最後の手紙の日付は一九四二年十月二十一日だ。晩市での最終号を出したあと、「社員」は新聞社の什器・備品を整理し、カズローで必要な書類等を梱包した。

これからの終わりの分からない「旅」を考えると、必要最低限と思われる書類に限りがあり、処分した文書のなんと多かったことか。さらに到着先で、迷惑をかけない程度の食料品や家族・個人の生活用品のパッキングに数日要した。

二人の手紙のなかで、さかんに出てくる名前に「正男」というものがある。相当に心配している。（これは、前にも触れたが、妻・千代の実弟である。正男（または正雄・マサオとある。二世であるため、この混乱があるようだ。）正男は両親が千代たちを伴って渡加したあと、一九二七年に晩市で生まれた。当初、兄とともにオーシャン・フォールズで生活していたが、晩市にでてきて、パウエル街の近くに住んでいた。

理由は分からない。学業のため、というのが近いだろう。多くの、日本人は教育熱心で、キャンプやプラントには初等教育施設しかないので、中等教育が必要な年齢に達すると、晩市へ単身留学させた。寮住まいもあれば、知人を頼っての下宿もあった。マサオはその学業時から、梅月夫婦の世話になっていたと、みえる。移動時、二十三、四歳だからまだ独身だろう。姉の千代はその経験未熟な若さを、心配していたようだ。

さて、梅月に同行するのは、英文エディターで公式の発行人のショーヤマ、印刷職場の太陽印刷以来の仲間・辻、近藤、それに『大陸日報』のビルを管理している岩崎らだと、手紙にある。

しかし、この時、岩崎は途中グリーンウッドで下車した模様だ。

いよいよ、梅月、ショーヤマらはカズローに拠点を築くために、東へ静かに動き出したのである。カナダ側が特別列車を仕立てるほど、乗車の人員も、個人の荷物も、新聞社の備品類も多かったのだ。多分、晩市を組織的にはなれた日本人のさいごの集団であったろう。

心痛めた香港での日本軍によるカナダ兵捕虜問題

さて、カナダ政府もBCSCもこれで一息入れただろうか。この間、カナダの世論、行政には、将来的に日本人や日系人をどう扱うべきかをめぐってまったく方針がなかった。

こういう時には、どこの国も移民集団は迷惑といわないまでも、重荷である。いわんや、戦前から激しいアジア人排斥、白人主義の底流の強かった国だけに、処置・処分に困惑した。労働力として導入した場合でも、それはだいたい資本の論理だから、不要になると抛りだす。それが、都市に移民社会を形成する。資本主義に反抗する。労働力が必要だからと、安易に外国人労働者を導入することには、リスクが伴う。捨てられる移民労働者が怒るのは当然だ。その怒りは世代を超えて相続される。だからといって、排外主義は人間主義に反する。

そこで、カナダ政府が採用しようとした政策の一つは、日本に抑留となったカナダ人との交換プランである。日本人同様に、突然の開戦に心ならずも日本国に取り残された民間のカナダ人がいたのである。聖公会やアングリカン系のキリスト教会の宣教師、学校教職員もそうだ。

その交換である。軍人と違い民間人だ。軍人の場合、ジュネーブ条約があるとはいえ、交戦中では簡単ではない。帰国させたら、すぐまた銃をとりなおして、前線へやってくる。国力挙げての戦争ではやむを得ない。

ことに、日本側は「死しても捕虜になるなかれ」という兵士教育をしていたから、公式には日本兵捕虜の存在を認めていない。開戦一年目にもなれば、香港や東南アジアの旧英領でカナダ兵の相当数の捕虜が生まれていた。

カナダにとって殊にほろ苦いのは、香港での日本軍との戦闘だ。カナダ軍は一九四一年の対日開戦の直前、英連邦の香港の守備を固めるべく二個連隊からなる「ロイヤル・ライフル兵連隊」と、ウイニペグ州編成の歩兵一個連隊を増派していた。ところが、兵士だけ先に到着して重火器など戦闘装備が輸送船で香港到着前に開戦になり、丸腰に近い、軽装備のカナダ兵は準備万端、日中戦争で連戦練磨の日本軍に蹂躙されてしまった。

これは苦い敗北になった。「ブラック・クリスマス」と呼ばれる十二月二十四日までに、英軍全体で二千人余が戦死、二千三百人が負傷、実に九千五百人が捕虜となった。日本兵も二千人の戦死、六千人の戦傷と伝えられる激戦だったから、英連邦軍も少ない装備でよく奮戦したのだ。

この英連邦軍捕虜のうち、日本人移民と関わりの深い晩市からだけで、千九百七十五人が乗船して香港へ向かい、戦死二百九十人、負傷五百人、残りは捕虜となり、五百五十人は未帰還だったという。

日本兵もほぼ同数の損害が出たので、カナダ兵は軽装備でよく戦ったといえる。ことに、「ロイヤル・ライフル連隊」、さしずめ英本国なら、背の高い「グレナディア」と呼ばれる近衛兵、自慢の軍人たちだ。約二千人中、二百九十人が戦死、四百九十三人が負傷という大損害。それだけでなく、問題は敗北による捕虜だ。カナダ人の誇りを著しく傷つけ、日本軍への敵愾心を一層強めた。

日系人の間でも、カナダの軍隊に志願して働いていたものも相当数あったが、開戦とともに、除隊させられていた。わたしは、カナダで調査中に、その除隊させられた日系兵士のひとりジャック・ナカモトと親しくなったが、加齢しても、武道できたえた、堂々たる体格、そのお話はまたにしよう。カナダ政府が日系人を軍籍に再び採用するようになったのは、米国と同様、インテリジェンス（諜報）上、必要と理解した上での開戦後、相当時間が経ってからだ。米軍に志願した日系二世たちは欧州戦線での第一〇〇大隊、四四二連隊としてナチスと戦火を交え、またひろい太平洋の島嶼やフィリッピン、米本土などで情報兵士としてははやくから活躍した。だが、カナダでの二世兵士はかなり遅く採用され、主として東南アジアのインドなどの英領での作戦への参加であった。人員も米国に比し、くらべものにならない。

さて日本軍の捕虜処遇はよく知られているように厳しく、食糧も不十分、ことに日本本土の北方や鉱山等へ送られて使役され、多数が犠牲になった。すでに捕虜の扱いについて、一九四二年には退役将兵のあいだで、その日本側の不当を非難する声が上がっていた。香港でも、「捕虜虐待」問題が戦争犯罪裁判の議題になり、処罰されるが、それは戦後のことだ。

日系人の日本への送還と民間人交換の動き

捕虜の処遇問題とは別に、互いに抑留している非軍人・民間人をどうするかという難問があった。『ニュー・カナディアン』一九四二年九月五日号に初めてこの「日加人交換問題」が紙面に出る。英字紙には散見されていたが、日本語紙に出るとなるとまた別である。一世には大問題だ。紙面を引用しよう。

「この交換にはオタワ政府が直接当たるのであってビーシーセキュリティコミッション（日本人管理機関のＢＣＳＣのこと）は関係せず、日本政府代表としてはモントリオールのスペイン総領事シュワイーツが当たっており、申込みが是認せられているという。なお、英国にいた日本の外交官等をのせた龍田丸は九月二日、東アフリカのポルトガル領ローレンソマークエスを出港した」

これは、梅月の記事ではない。まわりくどい日本語訳であり、二世スタッフの日本語だ。「日本帰国」の夢をもつ一世に期待と動揺が芽生えるのはいうまでもない。

それというのも、戦時で日本人を抑留しながら、さらに日本人全員の国外追放が大真面目で政治家のあいだで議論されていたからである。

晩市のJ・W・コーネット市長は、開戦後、日本人を日本へ送還する決議を市議会へ提案したと、『ニュー・カナディアン』は伝えている。それによると、平和会議がひらかれるなら、日本人を送還することも議題にせよ、森林業と漁業での日本人の就労が面倒の源だというのだ。BC州内の市町村の会議でも同様の決議が相次いで出される。

むろん、このコーネット市長の意見や考えは、極端ですぐ議会を通過するほどカナダの良心は腐敗していなかった。キリスト者や労組指導者の議会での強い反対で潰れはした。日本人は、だが、こういう動きに辟易して、帰国の動きをまったくしなかったわけではない。カナダにおける日本政府の利益代理をしているスペイン領事館が、日加交換船「グリプスホルム」号を運用することが公表されてから、多数の日本人が問い合わせ、十八人が可能というニュースも報じられている。

「グリプスホルム」というスウェーデンの古城の名前を執った旅客船には特別の思いをもった著名人がそれぞれの国にいる。日米両国は一九四二年五月、それぞれ戦争で取り残された外交官、新聞記者、留学生などの非軍人を交換するため、日本からは浅間丸、コンテ・ベルデ号を傭船し、米国はグリプスホルム号をニューヨークから出発させ、東アフリカの当時のポルトガル領のロレンソ・マルケス港で交換するという計画であった。

米国中心の計画だから、カナダの「普通」の日本人には考慮されていなかったこともあるし、カナダ西海岸からニューヨークまでの旅費をおいそれと準備できるはずもなかった。日本政府もそこまでは気を遣うほど優しくも余裕もなかった。

ともあれ、この交換船に乗り換えて、日本人の都留重人、前田多門、坂西志保らが、大西洋をよこぎり、アフリカの喜望峰をまわり、インド洋を東進し、シンガポールで補給し、日本へ帰って来た。交換船はこのあとも、日本の帝亜丸のインドのポルトガル領ゴアでの上・下船など何度か企てられるが、カナダの日本人が乗船する計画が生まれるのは戦争の末期である。

交換船による人員の交換は当初、米国がこのころは主体で、カナダは表面にでなかったが、やがて、タシメ収容所の日本人を分裂させる、大きな問題になってくる。

タシメとはどんなところか

カナダ政府が設定した日本人の立ち入り禁止の沿岸100マイル（沿岸防禦地帯と名付けた）の線というのは、現在の都市でいえば、ホープのすぐ東である。そのホープからわずか14マイル（22キロメートル）と日本人の農業集約地で、かつての「ローカル31」のケローナ支部もあった

タシメ収容所全景（インターネットSEDI）

オカナガン地方はさらに東という一見矛盾した配置である。その沿岸防御地帯から一番近い日本人収容所が「タシメ」である。むろん、鉄道駅も、主要な道路もこの中には、通っていない地域だ（写真はタシメ収容所）。

フレーザー河とクオトラム山のはさまれた台地で、「まち」らしいものはいまない。そこより、はるか東、コロンビア河の支流の一つスローカン谷に建設された収容所の多くは、かつて「まち」や「集落」のあった廃墟あとであるが、タシメは「更地」につくられたようなものだ。

したがって、スローカン谷の収容所は、スローカンシティ、レモノクリークなど五カ所で約四千八百人、グリーンウッドが約千二百人なのに、タシメは一カ所で二千七百人と比較的大きかった。そればかりか、ほぼ「新築」の住宅で、急いで造られたため、ここでも、「安普請」らしく、最初の冬を越すのに大変な難儀をした。残されている写真を見ると板塀の横板の上をタール用紙で覆っている。厳しい冬の生活がしのばれる。もっとも、このタール用紙での補強はタシメに限ったことではなかった。

タシメ収容所の全景を描いた人がいる。晩市にある「となりぐみ」のある時期の事務所にその大きな油絵がかかっていたことがある。東西南北にきちんと都市計画のように整地されて、「ハウス」が行儀よく並んでいる。「シャックス」（掘立小屋）と公式文書でも呼ぶ、この「ハウス」

は前述のように普通二家族でシェアした。

地理的にも、「ゴーストタウン」再開発の点でも、タシメ収容所の建設は一番後回しになった。カナダ政府も収容人員の策定や収容施設の計算などで、目算がはずれたのかもしれない。少し、大雑把にいうと、スローカン谷の諸収容施設から溢れた日本人を、スローカン谷より奥のカズローや、逆に、はるか手前のタシメに住居を急いで整備してオーバーフローの人々を収容したのだ。

したがって、タシメへの日本人の第一団、百五十人が、中小私鉄のＣＳ鉄道ローカル線で出発したのは一九四二年九月初めであった。

晩市市内の日本人は、だいたい毎日百五十人が特別仕立ての列車で東へ向かっており、タシメ方面もその一部だ。ＢＣ州では、ＣＰ（カナディアン・パシフィック）とＣＮ（カナダ国鉄）の二大鉄道網の本線とは別に、米国国境に沿って発達した諸都市間を結ぶローカル列車のネットワークはあったが、いかんせん単線などで、のろのろしていた。

それでも、一九四二年九月初めまでには、これら小規模鉄道の支線に臨時の特別列車をしたてるなどで、晩市市内ののんびり、またはぐずぐずしている日本人への移動の圧力は倍加して、一掃してしまった。

『ニュー・カナディアン』はこれらの動向を注意深く取材して紙面に大きく取り上げ、カナダ側に協力した。九月十六日号では、次のような記事がある。

前日百五十人が出発、明日中には労働者・婦女子併せて千人になる。明日は千五百人になる。

「タシメへの家族移動を世話している日本倶楽部委員会では、あと四百人を市内から仕事も一区切りつくので、九月二十五日をもってアレキサンダー街の事務所を閉鎖することになった」

この日本倶楽部委員会というのは、梅月たちの「キャンプミル労組」ら森林労働者やショーヤマら二世とはちがう、どちらかというと「日本派」「愛国派」のグループで保守的な日本人実業家が指導していた。晩市周辺に居残ってカナダ政府の「総移動」行政に暗黙の抵抗をしていた。そのリーダーのなかには「ブラックドラゴン」とよばれた右翼団体の関係者もふくまれていた。カナダ側もかれら「右翼」団体の協力なくしては、その影響下の日本人を移動させられないと考えたようだ。

かれらはタシメ収容所に送り込まれたことが、そのごの問題にもかかわってくる。

タシメでは、工事を急がせるため、収容所内に製材所に新設して、お手のものの原木材を供給、「住宅（ジャックス）新築」も進めた。丸太の処理や製材は日本人の仕事のオハコだ。ぐずぐずとしていた、晩市市内を主力とする日本人は秋深まるころには、概ねタシメに落ち着いたようである。ＢＣＳＣは、タシメ収容所の管理者に、晩市内の担当者をそのまま横滑りさせた。これでも分かるように、ＢＣＳＣはタシメには問題が残るとにらんでいた。

各地の収容所が比較的、「順調」に移動し、そこに来た日本人も二世等を中心に互いにすぐ自治活動や教育活動に手を染めだした。若者は日本人の関心の強かった野球チームが各地で結成され、女たちは、これまた関心の高い俳句、短歌の文学サークルの活動をスタートさせた。二世は野球ときたら目がなく、日頃は道路造成や製材所で働き、休日は野球で汗を流した。収容所内の落ち着きの一端だ。

スローカン谷の収容所の一つサンドンでは、九月上旬には、自治会、の成立、不足の衣食住について、当局との自主交渉、帰還兵（第一次大戦で英連邦軍に従軍した）有志による自治消防団、女たちを核にした「山呑俳句会」の結成とつづく。これは、他の収容所にもいえた。

ただ、タシメでは、多少違っていたのだ。それは、「頑張り組」の動きである。その最右翼が「ブラックドラゴン」とされるグループの問題である。「黒龍会」と呼ばれた一派だ。

心配された「ブラックドラゴン」の影

『ニュー・カナディアン』の一九四二年十月十日号は、初めてこの「影」の存在をみとめて、次のように報じた。

「晩市の朝刊紙『ニュースヘラルド』はさる九月二十六日の紙上で〝ファシストに似た一味〟と見做される者が、移動に関連して日本人社会内で活動したという記事を掲げていたが、昨朝の紙上で引き続き〝ブラックドラゴン・ソサイエティ〟のことを書き、いまだ晩市内にいる日本人は〝タシメに行くことを嫌がっている〟と主張。ブラックドラゴンの部下と見做される者の部下がタシメで働いているので、彼らを恐れる先入主のため日本人はタシメに行きたがらない、と書いている」

この『ヴァンクーヴァー・ニュースヘラルド』の一九四二年九月二十六日号は、第一面全体を使って、グリーン色のインクの太い活字、センセーショナルな見出しで、黒龍会のBC州での動きを伝えたもので、白人のあいだにも影響は大きかった。二世ジャーナリストのケン・アダチに呼ばれ、日本政府のさしがねで生まれた「時局委員会」も森井がかんでいたとされ、カナダ政府は早くから、森井らをマークしていた。

黒龍会、カナダでは森井悦治が親玉であった。

この会、もちろん日本国内で内田良平らによって明治三十四年（一九〇一年）に設立された国粋主義団体で、とくに日本軍部と結んで、日本のアジア進出に陰陽両面で強い影響を残した。のち、アジア各国だけでなく、海外で広く活躍する。だがカナダ国内の黒龍会や、それを牛耳ったとされる広島県出身の森井悦治との直接の関係は充分研究されていない。

黒龍会、とは日本国内でも、国粋主義団体として労働運動や社会運動とは対立側面が多かったが、ことにカナダでは森井悦治と鈴木悦、梅月高市とは、宿年の対決の歴史がある。森井は木材産業でのボスとして、日本人労働者の手配、監督を生業としており、労働者の不満を吸い上げて、組合運動にまとめてゆく梅月らとはなんにせよ思想も利害も合わなかった。ボスとよばれる木材産業の各事業所ではこの「暴力的」な仕事の手配師が広く影響力を蔓延らせていた。日本人会にもその影響はあった。

鈴木悦は、日本町のパウエル街で、日本人会の権益をめぐって、はやくから、公然と対決していた。梅月が晩市からの日本人の撤収にあたって、「頑張り屋」として、カナダ政府の施策に反対し、手をやいた日本人の背後に森井委員会と称するグループがあったことは承知していた。しかし、『ニュー・カナディアン』紙は鈴木悦が創刊した『日刊民衆』ではない。ストレートに取り組み、対抗したのでは、日本人全体をまとめあげることは不可能だった。

皮肉なことに、『ニュー・カナディアン』草創の頃は、東信夫やショーヤマなど、この時局委員会の金銭で生活したとされる。

したがって、『ニュー・カナディアン』の紙面で黒龍会、森井委員会等を直接取り上げることに慎重だった。ここにきて、『ニュースヘラルド』のキャンペーンを紹介するかたちで、記事にしたのである。『ニュースヘラルド』の方も、この一面全部を使うほどのキャンペーンをはるために長年の地道な調査取材、ＲＣＭＰ（国家警察）やＢＣＳＣといったカナダ政府側の情報のリークを待って、この時期を選んでの紙面造りだったのではないだろうか。

ＢＣＳＣ等が恐れていた、タシメ収容所への黒龍会の影響の集中が知られたからこそ、梅月は晩市を臨時列車で離れて、妻子の待つカズローへ向かう途次、下車してタシメを取材しておこうと思ったのである。

第8章

野球のくにの「朝日軍」伝説

妻夫木聡・主演の映画『バンクーバーの朝日』の選手たち

その昔、晩市に「朝日軍」という名の野球チームがあった。米国・カナダの西海岸の都市に生まれた無数の日系人野球チームのなかでずば抜けて強力で、歴史も長かった。この野球チームは晩市内でも、リーグ戦やビジターと戦い、国境を越えて米国のシアトルまで転戦し、さらにはリーグの白人のチームをなぎ倒し、ついに、日本から巨人軍を招いて試合をするまでになった。

娯楽の少ない晩市やBC州各地の日本人集積の伐採キャンプや製材所のある町に出向いて、観客を集めた。戦前の時期には『大陸日報』『日刊民衆』などの日本語新聞は、野球試合やスター選手の活躍、個人のトピックスは重要な記事ネタであった。チームや個人の打撃成績一覧、チーム間のトレードやストーブリーグ話題など、今日のスポーツ新聞顔負けである。

大半の一世同様、梅月高市や、『日刊民衆』幹部は野球に通じてはいなかった。「朝日軍」は二世のアイドルだった。日本でも、巨人・阪神、さらに甲子園の人気はあったが、東京、大阪など大都市の中流階級以上のスポーツであり、カナダ移民の柱になった出身地が日本の地方都市や農村部、肉体労働者のものとはいえなかった。かれら一世の、人気スポーツは相撲である。カナダ移民の日本人労働者の出身地は、九州や東北、中国地方であり、著名な力士の故郷と重なる。

例外もあった。例えば、本書でたびたび登場するジョン・ニヘイこと、二瓶熊吉、一世であるが野球にのめり込んでいた若い時代もあった。一九一九年、ニヘイは「朝日軍」のユニホームを着た。一九二四年には、ボブ・クマノらとオーシャン・フォールズで野球チームを創ったという。

カナダもアメリカも野球の国である。二世は学校や近隣ですぐ野球の魅力のとりこになった。サッカーやアイスホッケーもひき付けたが、野球ほどイージーではなかった。このチーム群のなかで飛び抜けて強く、人気があった「バンクーバー朝日」は、米加でのプロの野球選手を生み出し、日本から「東京巨人軍」が来訪したときには堂々とグランドでボールを投げ合った。

晩市を訪問した巨人軍には、水原茂、内堀保、スタルヒンら戦後日本で活躍する名選手も名を連ねていた。

この「朝日軍」が、石井裕也監督の手で、映画化され、晩市の国際映画祭で「観客賞」を受賞、二〇一四年の年末から、日本での公開となった。二〇一九年には、その流れを汲む「朝日」軍が、訪日し、各地で試合をしている。「朝日」のほか、「ヤマト」「美香登（ミカド）」など群余のチームのプレーヤーは、製材所や伐採キャンプで働き、週末に公園や校庭で練習を楽しんだ。二世選手には、混血の少年の顔も見える。

パット・アダチが一九九二年に編纂した『アサヒ　野球のなかの伝説』という本によると、一八七八年にヒラオカ・ヒロシという日系人の技術者が鉄道で働く日本人を集めてチームを創ったというから、これがどうやら日本人野球の草分けであったようだ。

野球熱、日本国内より一足早く、広く

カナダで学校教育を通じて学生野球を指導しているウイリアム・ハンバーは、この本の序文で、「朝日軍」の功績を明快に述べている。的確な分析だ。

「試合を通じて、日系人は霧深いオーシャン・フォールズから、オカナガン、内陸部の伐採キャンプに働く人からフレーザー渓谷の農場まで一つになることができたのです。日系社会内部の仏教信者とキリスト教信者の対立や、県人会同志のライバル意識や、日系内部の権力争いも、〝プレーボール〟の声がかかると同時に、皆忘れて夢中になったものです」

日本人、日系人のプレーヤーに、本塁打を量産する白人チームのようなスラッガーは少なかったが、バンド、スクイーズなど小技の技術、熱心な練習、なによりもフェアプレイ、団結力で相手の白人チームや観客に深い感銘を与えた。白人のＣＰＲチーム、ＩＬＡチーム、「パトリシア」軍などのチームと巧みに戦い、バラード地区リーグ、ターミナル・リーグなどで好成績を上げて

いた。

「朝日軍」には、四割打者やハンサムな選手がいたようで、シニア・リーグやリトル・リーグ、二世や白人の女性にも人気があったという。いつの時代も、背が高く、男前で、華麗なプレーをする選手は若い女の子の憧れだ。

この「朝日軍」とも戦ったシアトルのベインブリッジ・アイランドの日本人高校生チームと開戦で最後の試合をした白人少年のチームの話は工藤夕貴主演の映画『ヒマラヤ杉に降る雪は』で全米に公開されたが、日本人のハンサムな捕手と抱き合って、少年の収容所ゆきに別れを惜しむ白人の女子高生のシーンは感動的であった。

戦争はいっぺんに、これらのチームの存立、リーグのシステム、試合のスケジュールを打ち壊してしまった。他の日本人同様、道路工事、収容所建設、白人の農場手伝い、製材所や伐採キャンプへ四散させられた。

それでも、『ニュー・カナディアン』には、一九四二年秋、早くも、日本人の移住先のコミュニティや団体が男子には野球、女子にはソフトボールのチーム結成のための、ＢＣＳＣとの折衝が始まっているという短い記事が見え始める。

パット・アダチの『朝日軍』史を見ると、スローカン谷に生まれた収容所の一つレモン・クリークのチームが「スローカン谷チャンピオンシップ」を戦い、メンバーに旧「朝日軍」の名投手だったユキ・ウノらの選手が含くまれていると記している。

梅月高市も晩市を離れ、一足先にスローカン谷の収容所へ収容された、家族と合流するにあたり、息子のために、野球のグローブを工面する一コマがある。急遽、移動させられた日本人の子弟の教育と娯楽の穴を満たすのは容易なことではなかった。

「朝日軍」の名選手も、ばらばらになってスローカン谷の各収容所へ落ち着いたが、さっそくスローカン・センター、レモン・クリーク、タシメで仲間を集め始める。ここで、育った選手のなかには、カナダ国内や米国のボストン、ニューヨーク等の大リーグで頭角を現すカズ・スガのような選手もでるが、それは戦後のこと。

さて、一九四二年のタシメ収容所はどうなっていたか。

タシメ「まち」づくりに日本人の総意を引き出す

タシメは、一九四二年七月には、入居者が落ち着きはじめ、年末までには、「まち」らしい姿が現れる。タシメには会社町のキャンプとは違うパウエル街のような「日本町」が姿を現したようだ。このタシメに収容された一人に佐久間太重がいる。「キャンプミル労組31支部」の組合長を務めたこともある歴戦の幹部で、『日刊民衆』を支える活動家で、福島県出身の製材労働者だったが、開戦時はパウエル街にすむ都市労働者であった。

こんな経歴が、タシメにはいって『タシメキャンプ設立と移動』という手書きの（したがって発行部数一部と思われる貴重な）報告書を残した。これも、わたしの手元にあるが、正確に収容所の様子を記録したものだ。これは、ミニ「都市計画」といってよい大規模で、計画的なものだ。

住居、ランチ（大農場）、牧畜場、発電所などのインフラ、事務棟などの公共施設、教育ゾーン、「ブルバード」と洒落た名前をつけられた商店街、病院、製材所・鉄工所などの生産設備、水道用のダムと、人間が自立して生活できるものはなんでも揃うよう工夫されている。日本でも戦前から著名なデベロッパーが大規模開発をてがけた歴史はあるが、えてして住宅地で、職場や公共機関、病院は交通機関を利用したはなれた空間だ。もっとも日本のデベロッパーには自社の電車を利用させようという私鉄企業が多い。

住民の集会所にもなったタシメの消防小屋
（出典『ニュー・カナディアン』。入所していた阿部美丸のスケッチ）

『ニュー・カナディアン』もこのタシメでの「セルフ・サポーティング」（自活）への確かな歩みを報じている。

住宅だけで40エーカー（百六十町歩）に、三百二十五戸、ブルバード（直線道路）は幅48フィート（15メートル）と広く、日本人からみると贅沢な広さだ。相当・綿密なプランをもった「ニュータウン」であった。ただし、戦後日本のニュータウンと違い、かたちだけにせよ鉄柵と兵隊がいたこともある。基本的にはBCSCの専門家の都市計画、ゾーンニング方針、自活可能な山間の町作り政策にそったものだろうが、日本人はその過程でハードなコミュニティ作りやノウハウの面で学ぶものは多かった（図は住民の集会にも使われ、タメシのランドマークになった自主消防小屋）。

佐久間の図面によると、収容所は北向きに整備されている。北側と南側に山地があり、その間の狭い平地に設定した。北側には東西に横切る小川があり、南側の山地に抜ける道にも掘割があった。

アメリカでの収容所にはマンザナー、ポストンといずれも、有刺鉄線で囲まれ、その上に、いくつもの望楼が設けられ、着剣、実弾装填の銃をもった米兵が監視していた。実際、射撃・殺傷された日本人もあった。

しかし、カナダでは、鉄柵、鉄条網がなかったわけではないが、また収容所内外で勝手な振舞いは許されなかったが、銃で背中を押されて整列させられるようなことはまずなかった。どの収容所も広いカナダでは孤立しており、逃げ出すような無鉄砲な日本人もいなかったのだ。ことに寒くなれば、すぐ凍死がまっていた。

確かに、タシメは他の収容所と違い、ヤマを切り開いての建設地だったために、おそらく「黒龍会」の影響かマイナスのデマがはびこり、晩市からの移動に二の足を踏んでいた形跡がある。

佐久間は、このタシメに到着したのは一九四二年八月下旬、そこから一九四六年六月中旬まで、およそ四年間生活することになる。その体験から手書きの『タシメキャンプ設立と移動』の報告書が残された。正確・詳細・総合的である。

まず、佐久間の景観描写を引用してみよう。

白人社会とは14マイルも切り離され、４００エーカーのランチの両側は切り立った絶壁の岩山、八合目より上は禿山、麓は鬱蒼たる大森林、昼なお、闇夜のようで、熊、鹿、ゴーツ、ビーバーの棲みかである。

ランチは閉止して置き去りにされていた製材所を日本人が整備して運転開始、一九四二年七月上旬、二十人ほどが炎天下、一日も早く、家族を呼びたいばっかりに建築材の生産に励んだ。タシメ収容所の建設計画が始まるまで、白人の農場と、古びて、使用していない小屋などが存在していたようだ。

それらの、小屋等の施設を考慮しながら、新しく「まち」に必要な施設がデザインされ、造られていった。日本人が「ブルーバード」とか「タシメ村村道」と称する広い道が中央部に東西に建造され、「村道」の北側にオフィス、倉庫、雑貨店、輸送部、高校・職業訓練校用のビル、独身者用食堂、幼稚園等が配置された。

「村道」の南側は、寡婦長屋、公立学校、理髪店、郵便局、保健所が配置されるというように、短期的な収容でなく、比較的長期に生活できるような工夫がなされた。事実、日本人によっては、五、六年にわたって「在住」するものも出現した。もっとも他の収容所では、数十年にわたり滞在していた高齢者もいる。わたしが、尋ねた一九八〇年代になっても、それぞれの収容所や、そこに近い集落で余生を送っている日本人の高齢者と会うことになる。

タシメでも、一九四二年後半に、とぼとぼとやってくる日本人には高齢者、寡婦、年頃のこどもを抱えた妻たちがたくさんはいっている。日本人全体では、この社会的な弱者の保護が最大関心ごとだった。だから、タシメでの住宅建設、内容は新聞『ニュー・カナディアン』やクチコミを通じて移動中の日本人につよくアピールした。

ことに、移動のため、中途半端になっていたのが子弟の教育である。日本人で教職のキャリアのあるものが、自主的にオープンな教育をすすめていたが、それで済むものではなかった。

『ニュー・カナディアン』の晩市での発行の最終号ともいえる一九四二年十月十七日号は教育問題に日本語ページのほとんどを使って状況を分析した。英文ページのほうの読者は年頃の子どものまだいない若い二世であったから、記事は対照的でさえあった。

日本人全体も、梅月個人も悩ました教育問題

梅月は紙面でBCSCの教育行政の「チーフ・スーパーバイザー」に兵頭英子の任命をいち早く伝えた。このポストは、戦後日本では「教育長」とでもいえる職責で、全収容所での日本人教育の施設、人事、単元計画など教育行政の全権限が委ねられていた。

兵頭はBCの大学で教育学を学んだ人材で、早くから日本人の子弟に関する政策・方針の重要な発言で知られていた。子弟への日本語教育では、佐藤伝・英子夫妻の「晩市日本語学校」を拠点とした教育は良く知られているが、兵頭英子のそれは、「カナダ人」としての二世への公教育の整備であった。兵頭のような教育テクノクラートが生まれたこと自体、日本人移民の成長をしめしている。

移民社会にとって二世以下の教育をどうするかは頭痛のたねである。いずれにせよ、ホスト社会に永住しようと思えば、また二世がホスト社会ですべての局面で上昇移動を目指すとすれば、ホスト社会の言語を身につける必要がある。同時に家庭や祖国との関係では父祖の国の言語がないとコミュニケーションが充分できない。

したがって、一世は複数の子供がいる場合、そのうちの一人を郷里に送り祖国の教育をうけさせて再びカナダに「帰国」させることが流行った。「帰加《きか》二世」という。日本語は上達するが英語力はいまひとつだ。バイリンガルなどというが、二つの言語をマスターするのは、それほど簡単なことではない。この語学力の差が、カナダでの「同化」「統合」「上昇移動」にハンディになる。

当初、一世は「錦旗帰国」の思考がつよいから「帰加二世」に期待もあった。ところが、幼児からそのままカナダで教育を続けると日本語のほとんど出来ない二世になり、親の日本帰国のブレーキになる。梅月高市夫妻は三人の子供をもうけたが一人も「帰加二世」にしなかった。前述のように、「徴兵忌避」で国を出てから戦前一度も帰国していない。家族として思想的にも国境を越えていたのだ。

カナダでの生業は梅月高市のような一世を増加させていた。したがって、開戦で収容所等へ強制移動させられた日本人には教育の空白は大問題であったのだ。

兵頭は晩市の師範学部を卒業後、実際の教育現場で教育にあたり、「教育学」そのものに、発言力をもったほとんど唯一の日系人であった。この時期、収容所内での公立学校制度や施設・整備に全力を尽くし、また各地にこころならず撒布された少人数の日本人グループのための通信教育も提言・デザインしていた。

カナダのような広い国土に薄くばら撒かれている国民の教育には早くから通信教育による公教育の普及がすすめられてきた。ことにカナダ先住民（いわゆるカナダ・インディアン）や、アーミッシュ（キリスト教の一派）その他のマイノリティへのこの方法は極めて重要であった。

梅月高市と妻の千代のあいだの手紙は、まるで離れて暮らす恋人同志のもののように、熱っぽく、長文で、かつ頻繁なものだったことは、前述した通りだが、内容は、生活費、不足する日用品、友人や家族の動静と、いたって実務的なことも多い。そのなかで、梅月も心配したのは、年頃の三人の子供たちにいかに教育を維持するか、という難題だった。

梅月は晩市からカズローへの単独の移動途次、タシメ収容所に立ち寄って、収容されている日本人の要望を取材して歩いたが、衣食住、足りて、次は中途半端になっている子弟の教育をどうしてくれるか、という強い要求に出くわした。

これらの日本人の公教育への要望は、折に触れて『ニュー・カナディアン』で記事や論説で書いた。英文欄も同様である。教育問題は梅月個人でも、すべての日本人同様に、頭の痛い課題だったが、ＢＣ州政府に働きかける以外、私的に勝手にできない歯がゆさがあった。

梅月高市は、晩市を離れる直前、妻・千代に長い手紙を書いた。


「愛する千代さん。

みんな、とに角スクールに行っているとのこと、大いに安心です。子供等の世話をして、そんなところで学校にやるのは大変なことだろうと思います。努力を感謝しますよ。

伊沢さんのほしいという字引はありません。いまごろどんなものにせよ字引はなかなかないでしょう。どうしても欲しいというのなら、君が持っている青い表紙の小さなのを譲ってやったらよいでしょう。僕は別に一つもっているから、なくてもよい。

ビリーとボビーに、学校へ行って大いに勉強するように。スケートも買ってあるが、これは、学校にゆく褒美にやるのだ」

各家庭のこどもの教育に頭を悩ませている状況が手に取るようだ。

梅月、ショーヤマの一行、カズロー到着

梅月たち『ニュー・カナディアン』の社員一行は十月二十七日の特別列車で晩市を出立。タシメ、グリーンウッド、スローカンの主な収容所を経由して十一月十日にカズロー到着とあいなった。二週間の「道草」である。この「道草」は、取材、人脈づくり、支局開設と大事なビジネスがあった。ことに、支局である。

新聞社にとって、経営的な自立は報道の自由を確かなものにするためにも不可欠だった。政府の後押しで発刊しているとはいえ、いつの日にか自立・独立の道は避けてはとおれない。そこで、日本人の読者の集積している収容所に配布、新規購読、集金、ニュースの回収をする支局作りに

時間を割いた。
カズローでの再出発までに、次の所に支局が整備された。

① タシメ一世は土井初宅、二世は二世青年会気付
② グリーンウッド吉田清一宅
③ スローカン地方（レモンクリーク）對馬忠蔵宅
（ポプオフ）木下善一宅
（ベイファーム）山下五十治宅
（シティ）安居義一宅
④ サンドン三宅隆吉、杉万岩蔵宅

このリストを見ると、各種の制約のなかでよくも、これだけの支局開設にこぎ着けたものである。大半は、梅月の「キャンプミル労組31支部」の関係者だ。ここにも『日刊民衆』のネットワークの強靭さを感じる。

梅月はカズローに十日夜到着した翌日には、同居、スペースをシェアすることになった地元の週刊ローカル新聞『クートネイアン』社の建物の一部の大掃除にのりだす。梅月の表現を借りれば「二十年来拭いたこともないだろう窓を磨いたり、活字をならべたり諸道具を配置したり」したようだ。

カズローでの『ニュー・カナディアン』の第一号は、一九四二年十二月十二日、第六巻三号となる。それも英語版が主力だ。というのも、英語版はタイプライターを借りればすぐ紙面の製版ができた。だが、日本語の活字は梅月、生山らが到着するまでただの一本もない。日本語の活字は、梅月が最後まで逗留していた『大陸日報』のものを、オーナーの岩崎みどり（山崎寧の娘）の諒解をえて借りてきたのだ。

岩崎みどりも数奇な運命のもとにいた。『大陸日報』は山崎寧の会社だが、「国士の面影」（高田元三郎の批評）、太っ腹な山崎は編集を鈴木悦や岩崎與理喜らに預けて、自身は世界一周旅行をしたり、四度の満洲歴訪をしたりなどと「遊び呆けて」（岩崎の述懐）いた。その山崎、一九三四年奉天から日本に帰国したとき六十五歳、カナダに戻らなかった。そこで、娘のみどり、入り婿で記者の岩崎が取り仕切っていた。わたしは、戦後日本訪問時の岩崎となんどかあったが、その時は『大陸日報』は『カナダタイムス』と改題していた。一九八〇年頃、岩崎の私邸であったときも、義父に似て「国士」のおもかげをもっていた。

『ニュー・カナディアン』の日本語版が本格的に読者のもとへ届くのは一九四二年十一月三十日から。日本語版発行に梅月たちが取り組んだのは十一月二十三日からだから、発行に一週間もかかったことになる。日本語版といっても、英文と別のかたちで印刷されるわけでなく、あくまで『ニュー・カナディアン』の綴じ込みの一部分だ。

それでも、八ページの日本語版が姿を現すと、収容所に入って意気の上がらなかった日本人は喜びの声をあげたとか。そのカズロー再刊の初号に梅月の古くからの友人で『日刊民衆』の支援者であった日高櫻洲《おうしゅう》は、カズローにて「同人諸君を迎えて」という三段抜きの一文を寄せ、感情極まって「懐かしの友びとよ」と、その遠距離の旅をたたえた。『ニュー・カナディアン』のカズロー時代が幕をあけた。

第９章
カズロー町での小新聞ビジネス

『クートネイアン』とはどんな週刊新聞か

カナダの国土は広く、都市や町が薄く点在している州が多い。自然、地元の話題、情報、ニュースを伝える小さな週刊コミュニティ新聞が生まれる土壌となる。カズローも、十九世紀には製材・木材加工、小さなホテル、ビール工場、鉄道などが生まれ、人々が集まる町らしさを整えると、新聞も必要になる。

一八九六年、小さな印刷屋が、『カズロー・クレイン』という週刊の新聞を出す。これは、Ｄ・キングという人が買収し、『クートネイアン』と改題し、本格的な町のコミュニティ・ジャーナリズムになったと、土地の歴史書にある。

このコミュニティ・ジャーナリズムというのは、地方自治や独自のコミュニティのよく発達した北アメリカではしっかり根の張った週刊新聞形式だ。商業経営的にも購読料・地域の広告でペイしているかなり面白いビジネスである。

ジャーナリズムである以上、速報を追い、日刊化、また隔日刊化を繰り返し、タイトルも二転、三転、ともかく日本人たちがやって来た時まで、町の「木鐸」ではあった。町の輿論を反映して、最初は日本人たちに必ずしも好意的とはいえなかった。住民は、だいたいどこでもそうであるが、新しいものに警戒的である。いわんや、白人の身にしみているアジア人嫌い、それも国をあげて戦争している相手の日本人だ。だいたい日本人など見たこともない。日本人へのイメージといえば、北米のマスコミが植え付けた出っ歯で、短躯、こすからく、油断ができない人種だ。

その日本人が当時の町の人口を上回る人員としてどっとやってくる。町議会も、町の役人も、排撃する発言ばかりだ。『クートネイアン』の初期の論説を読んでも決して好意的ではない。ただ、ジャーナリストだから日本人への物珍しさはあった。

ジャーナリストとしての、公正さ、好奇心、ビジネス上の利害もあって社の設備を半分使わせる契約になった。たぶんBCSCの保証、ショーヤマのようなカナダの大学でビジネスを学んだ二世の交渉力などあってのことだろう。

『クートネイアン』新聞については、前に述べたように、カズローの郡役場の地下のほんものの牢屋にしっかり保存されている。一定の手続きを得ないとこの牢の鍵は開けてもらえない。わたしは、日本から予め、手紙を出し許可をえていたので、このオールド・ジェイルに入れることになった。約束の当日、牢の前で待っていると、厳つい牢番の役人ならぬ、妙齢・美人のサラさんが、鍵束を持って現れた。とても、牢番には似つかわしくない。

サラさんは、主婦でパートタイムのアーキビストとのこと。新聞の束を牢内のもう一つの貴重品収納の棚を鍵で開けてくれて、飾り気のない木製の古い机の上にひろげ、アーキビストとしてゴムの手袋をはめて丁寧にめくり始めた。

どうやら、全号ファイルされているようで、カナダの地元研究者がときどき歴史を紐解くため閲覧しているようだ。当然、日本人の記事も現れたが、この部分を閲覧するのはわたしが初めてにちがいない。

これにより、カズローの町での日本人を知ることになる。いちいち日系人二世とはここでは断らないのは、カナダ政府は生活上の扱いはとりたてて、区別していないからだ。この日本人のカズローでの初期の生活がよく分かる。

日本人集団、カズローの市街地占領？

カズローの町は小さく、それに往時の輝きはすでになかったから、どやどやと、日本人という異人種の集団が入ってきたことは大事件であった。日本人にも見知らぬBC州奥地での生活はつよい衝撃だった。それまでは、気候温暖な海岸の土地しか知らなかったのだから。

六月下旬の『ニュー・カナディアン』には、早くに到着したミセス・タナカという女性からの投書が載っている。相当の衝撃の旅だったようだ。

「兎に角カズローへ着いた。初めて経験したインテリア（内陸部）の旅、混雑した最初の朝の食事場等々、いまこの旅のすべてを追想すると、ある光景などは真に〝戦争避難民〟、居室にしてもゴルキーの小説の場面を見る思い。
カズローの風景は、これ以上のものはない。水清きクートネー湖にかこまれ、部屋の窓より水面を望み、町を囲む連峰の立木緑色こい。住宅区域も古い面影をとどめ、落ち着いた懐かしさを受ける」

開戦、失職、収容、家族の解体、転居、配給、身分証明作業、汽車の旅と、ともかくめまぐるしくも、緊張した半年間を過ごした日本人にとってほっとしたカズロー到着であったことには、相違ない。

別の日本人は八月下旬の『ニュー・カナディアン』に短歌としてその感想をよせている。

「二十年を経て今日のあり民族の歴史に残る旅に出で立つ。
その昔モーゼの世にありしてう民の追放身をもて味わう。
下見れば谷深きかな上見れば山高きかな追われゆく旅。
インテリア末世に残る民族の今日のレコード如何に記さん。」

日本人は情緒的に深く考え、民族を滅ぼさぬため思い、ものを書いて力を蓄えた。発表した文章は多い。しかし、皆その風景の明媚にひきこまれ、これらの文章を読んだ日本人が安心して続々とあとに続いた。カナダ政府がこの新聞を後押しした成果はあったのだ。日本人というエスニック集団のもつ自身のコミュニケーション力を利用、活用しての間接コントロールの方が、直接統制より効果があるのを知っていたのだ。

どうやら、日本人はカズローの町を気にいったようである。住居は大満足とまでゆかないまでも、タシメや他のスローカン谷の収容所に比べて、「掘立小屋」ではない。古い町のなかの家を修繕して提供し出した。白人の住民と交流できるのがよい。住民も当初、冷たい眼で見ていたが、同じ人間だと分かると次第にほぐれてくる。日本人の買物も商店に活気をもたらした。カズローの町を静々と「占領」し始めたのである。まず、中心部の主要な建物が片っ端から収容された。住民の日本人への理解促進で果たした『クートネイアン』新聞の役割は大きかったが、この分析は別の機会に譲ろう。

ここでは、日本人キリスト教会と日本人児童の役割に触れる。

日本人のカズローでの生活始まる

何千人もの日本人が集団生活するとなると、出産もあれば、死去もある。スローカン谷では、九月末、一人の老人が病気入院のあと、息をひきとった。こうなると、葬儀も火葬も必要で、開教使の出番だ。開教使というのは、仏教徒のために日本の本山から派遣されていた僧職者で、開戦でそのまま他の日本人と一緒に抑留されてしまったのだ。

キリスト教式に弔われた事例ももちろんある。

日本人の移動に伴って移動したこれら宗教者の存在は非常に大きかった。

例えば、最大の「大通り」、フロント・ストリートといっても、クートネイ湖に面した三ブロックの街路だが、「北アメリカ銀行」「カズロー・ホテル」「オペラハウス」「クートネイアン新聞社」「ドラッグ・ストア」「カズロー・モーター」などが並んでいた。ことごとく日本人が入りこんだ。

カズロー・モーターというのは、カナダのバス運営の「グレイハウンド・バス」の停留所、北米を旅した人なら、たいてい世話になっている長距離バス。横腹に犬のマーク、地方のバス会社が合併して生まれたネットワーク、今日では航空路が発達したので、このバスラインを使うのは、金のない学生と老人、少数民族、新移民が多い。わたしも、その金のない若い研究者の一人として尻の皮が剥けそうになるくらい、長距離の大陸横断バスで利用した時代があった。青年時代の留学であった。ともかく安く、時間がかかるが、名の知れぬナバホ族の「くに」の小さな町に長時間、停留した思い出がよみがえる。

バスの次便を待つ小さなレストランで、日本人と顔の良く似た老婆が話しかけてきたので応対すると、ナバホのことばで英語はまったく解さなかった。これでもアメリカ人である。近くに居た娘さんが慌てて割り込み通訳をしてくれて、意が通じた。

カナダの先住民にも、われわれと、どことなく似た印象をもつ人に会うことがある。さて、一九四二年時、カズローのバスはネルソンなど近隣の町と頻繁に繋いでいた。便利とは言えないから、晩市からの日本人集団は、当初、老人とこどもを連れた、抱えきれないほどの身の周り品を背負って、政府さしまわしの臨時列車、トラックか、フェリーでカズロー湾に到着、そこでＢＣＳＣの配当を受けた空き家に荷を解いた。

一足先に到着したＢＣＳＣのスタッフは、町の目抜き通りの角に営業していた「北アメリカ銀行」の一階に陣取った、二階の一部に水谷家の四人が割り当てられた。並びの「ドラッグ・ストア」には、古川家の六人と九家族三十七、八人が入居した。通りの北側にある「カズロー・ホテル」にはフランク・モリツグら約三百人が入居、「オペラハウス」の三階も大勢の日本人が占拠した。『ニュー・カナディアン』のスタッフは、クートネイ湖につきでたヴィミー公園にあったキャビン（丸太小屋）に梅月、ショーヤマ、ジュンジ・イケヤ、ビル・ツチヤらが、とりあえず家族ごとに一つを占領したようだ。編集スタッフのなかには、短期間、新聞社となるビルの二階に家族と陣取った。

梅月、ショーヤマらは、半年ぶりに家族と一体になることができたのだ。その他、日本人が臨時に占拠した主な建物は、以下の通りである。

①　**カズロー・レイク・スクール**。一年次から九年次までの日本人児童・生徒およそ三百人が、教室として確保した。これで、親たちは、組織だった教育をこどもたちに保障できて、ひと安心となった。日本人は教育熱心である。学校もないばらばらの間も、母親は算術の「九九」や、

ローマ字、「いろは」を教える力はあった。

今度は違う。兵頭教育長のもと制度が整えられ、UBC（BC大学）その他で教育学部や師範学校を卒業した二世の青年男女が集められた。彼らは、初めて正教員としてクラスを受け持つことが、ここにきて可能となったのだ。その意気たるや如何ばかりだったか。わたしも、一九八〇年代にカズローを訪問したとき、二世教員として奉職し、そのままこの地に踏みとどまっていた夫婦と知己を得た。その感動的な半生は別に章をたてて紹介したい。

② **オペラハウス**。若干名。

③ **ラングハムハウス**。ここは、最大で長期の日本人宿舎になる。この地上三階、地下一階のビルは、町が栄えた一八九六年に商用ビルとして建てられ、北米銀行の支店、鉱山会社の本社、材木企業のオフィスなどとして使用されてきた。テナントは入れ替わったが、一九四〇年代にもともかく利用されてきた。

日本人がカズローにやって来るにおよび、臨時に宿舎として開放されたが、他に物件もなく、やがて一家族一室で溢れ、七十八人まで入居したと記録されている。

わたしが、カズローに滞在中、このラングハムハウスや、ここを一九八〇年代に利用している地元の郷土史研究者に世話になる。ともあれ、このビルは戦時中、日本人がこの街を「占拠」した思い出とともに、カズローに深く残った。

近年では、カズローに滞在した体験をもち、全カナダに散った日本人とその子孫を中心にした人々のカズロー訪問が増え、ラングハムハウスがその受け入れ窓口の一つになっている。ある種のヘリテージ・シンボルだ。

梅月・ショーヤマたちのカズロー仕事始め

ここで、『ニュー・カナディアン』の印刷が先行したのは英語版なのは、到着・整理の遅れた日本語活字よりも早く、英語のモノタイプがすでに『クートネイアン』社で用意されていたからである。それはまた、しばらくの間、梅月よりもショーヤマがイニシアティブを強めることを意味する。これは、両者に対立や確執が生まれたというわけではない。だいいち、もともとは、『ニュー・カナディアン』は二世の新聞であり、オーナーはショーヤマである。

ショーヤマは二世のなかでは、州政府の幹部、オタワ（中央政府）の次官にまで上り詰めるので、日本人の出世頭のようにされているが、その実、知られていない点が多い。ケン・アダチのようなジャーナリストではないので、発表したものが多くない。公務員として守秘義務のものが多いのかもしれない。その上、戦争末期、カナダ軍に入隊して「諜報・情報」を扱うＳ-20（日本語部門）部隊、アメリカ陸軍のＭＩＳ（諜報部隊）に似たＩＣＣＡ「カナダ陸軍諜報部隊」に所属する。この部隊の作戦等は米国の陸軍情報部隊ほどには、公開が進んでいない。それでも、ショーヤマの生涯はある程度なぞらえる。

ショーヤマは生粋の「メイドイン・カナダ」の男である。新聞を作りながらも、これで「国家」

へ尽くすのに十分かと、いつも自分に問うていた節がある。一九四五年、英国が太平洋戦線での日本の知識を必要として二世をカナダ軍に再召集することを決めたとき、『ニュー・カナディアン』社を辞して、迷わず軍務に服すことになるが、これは後の話。

ショーヤマは、一九一六年、BC州内陸部の町カムループスに生まれた。両親は熊本県の出身で、苦労してトムが生まれた頃には、カムループスで小さな商店を持つまでになった。この都市の名前は先住民「サリッシュ」族の言葉で、河川の交わるところという意味だけに、フレーザー河などの大小の河川が合流し合い、また道も交差していた。このため内陸部最大の交易都市の一つとして発達し、私鉄のCPR、CNRも同様にクロスしていた。こんなことで、鉱山、木材、二百を越える湖沼の漁業と産業は豊かであった。

鉱山も木材も日本人労働力の重要な雇用先である。ショーヤマ、トーマス・クニト（生山国人が日本名、漢字名は親が熊本モッコスらしい命名だ）はUBC（BC大学）を卒業後、仕事がなく、短期間、鉄道工夫、ウッドファイバーのパルプ工場のあるカンパニー・タウンで働いたという話もある。東信夫（ヒガシ・シノブ）らと協力して『ニュー・カナディアン』の創刊にこぎつけたのだ。

彼のジャーナリズム・キャリアーは多様で、日本が満洲で経営した『マンチュリアン・デイリー・ニュース』にも関わったという話もあるが、詳細は不明だ。ただ、この新聞、東信夫はスタッフとして渡満しているので、東のひきでありそうな話である。東は、日本政府の情報機関とコンタクトがあり、英語のほかロシヤ語も堪能、このためソ連に長期に抑留される。ショーヤマは定年後は二世の小さなサークル新聞に執筆したり、大学で教鞭をとったりしている。

トムは、家業の影響か、UBCでは経済学、商業、会計のディグリー（学士）をとっている。ジャーナリズム学部はないから、学生新聞に接触したのかもしれない。

ショーヤマは、記事を書くべく、二世のなかに深く根を張った。自然、二世の希望、不満、要求に直面する。仕事、学習、兵役、結婚、余暇と多面的なものだが、就職問題は焦眉のマトであった。

彼は、二世として『ニュー・カナディアン』の英文欄では、当然ながら、対日戦争に勝利するという国策にそった記事を書いて、国家と二世のために尽力した。英文欄で「わたしは、なぜ、政府の戦争国債を買うのか」（一九四三年十月）という文章は「平和と自由」を勝ち取る戦争のためにという情熱溢れるものだった。これもカズローへ落ち着いてから一年後のもの。

さて、梅月高市はどんな活動をしていたか。新聞づくりは当然として、妻の千代とともに、教会活動に加わっていた。

温存され、役割高めた教会と日本人学校

信仰は、人の生活で無にはできない。カナダの日本人移民の多くは、キリスト教に帰依したあとも、父祖の宗教である仏教や神道と共存した生活をしていた。二世でも佛教で家庭生活している人もいる。日本の家庭と同じで「八百万《やおよろず》の神」に抵抗はない。

日本人が晩市を引き払うのに伴い教会はそれぞれの方法で信徒とともに内陸部へ向かった。BCSCは、一九四二年四月、宗派ごとの移動を許可した。これは賢明だった。BCSCが、何千

人もの日本人集団を一人一人、事情も汲まず把握できるはずもなく、教会は他の地縁的、職業的ゲマインシャフトとともに、その精神面での統率の媒介となった。

『カナダ日系人合同教会史』という清水小三郎牧師らが中心になって一九六一年に出版された冊子がある。この教会、前にも述べたようにメソジスト派、長老派、組合派の三派が一九二五年に合併してできたもの。移民の多いカナダでは、企業のように時に吸収合併、合同など珍しくない。また地元の白人の教会をシェアして使うこともできる。

したがって、「合同教会」には鏑木五郎、赤川（美）、清水（小）、樺山（純）といった良く知られた牧師、佐藤伝、内田仙太郎、信夫三郎、内田武、山家安太郎、それに梅月夫婦らかつての「ローカル31」に関係したメンバーの信徒多数が属している。

この教会史によると、日本人の移動、急ごしらえで、準備も時間もなかったため、教会と信徒との繋がりが切れて大混乱が各所に見られたようだ。

『ニュー・カナディアン』のように政府、日本人社会、全体との情報等の媒介と違い、もっと小さな近隣社会や準拠集団との媒介をしたのである。晩市やその周辺の日本人コミュニティにはたいてい教会や寺院が組織されていた。過去の冠婚葬祭と日常とが結びついていたからだ。そこで、ＢＣＳＣでは方針を修正して、教会や牧師にある程度の裁量を与えたようだ。

梅月は熱心な教会員である妻の千代を通じて「合同教会」に属していた。幸いにカズローへ向かったのは清水小三郎牧師らである。清水は一九四二年五月、カズローを数日間、滞在視察、その結果を晩市に持ち帰り、旬日を経ずして家族と共に移動した。他の信徒もこれに倣ったわけだ。

カズローに実際到着したのは、キリスト教各派が混ざり、多少の混乱もあったが、清水は街の「セント・アンドリュウス教会」を借りて日本語の礼拝を始める。午前は、教会所有の白人の礼拝、午後、清水らが借りて日本語の礼拝だ。一つの教会の建物を言語、民族別に二度、三度とシェアすることも別に珍しくない。

この日本人の再組織化をきっかけに幼稚園、日曜学校、ＹＭＣＡ、婦人会、母の会といった晩市時代のような日本人の社会活動が生まれる。梅月千代はその中心人物の一人だ。清水によると、カズローへ移転した信徒は九十九人、晩市から三十九人、新西院から三十五人などの他、清水の三年間カズローでの牧会中に四十五人が新規に受洗した。

日本人が腰を落ち着けて、カズローで三年間以上も過ごすことになるのは、これら日本人コミュニティの活動と、兵頭教育長のもとでの学校教育整備があったからだ。

梅月高市は、この落ち着きのなかで、『ニュー・カナディアン』日本語ページの量・質双方の改善と経営再建を進めてゆく。

第10章 **文化的フロンティアを乗り越えて**

「文化的フロンティア」に踏み入れる

カズローでの日常生活は日本人がかつて経験したことのないカナダでの「文化的フロンティア」の開拓に直面することを意味した。白人を主体としたカナダ人とはだかで付き合うことになる。カナダ人にしても、アジア、日本からのものめずらしい文化とダイレクトに接することになる。食事からマナーにいたる全てとだ。

開戦前後から整備された『ニュー・カナディアン』の陣容と経営は、もはや戦前の日本人向けの新聞ではない。カナダ政府によって物心ともに援助を受けた。同時に、厳重な事前検閲を受け入れての発行で、ある意味では「戦時広報紙」である。ともあれ、この新聞の創刊に尽くした東信夫、トム・ショーヤマの志したエスニック新聞でさえなくなっていた。

東信夫については良く判らないことが多い。だが、とても興味深い人生を送っている。

彼についてては、また検討したい。

編集部、カズローに集結

『ニュー・カナディアン』の主なメンバーは、前後してカズローに到着、街といっても、ストリートが縦横数本あるだけなのだが、好運にもそのど真ん中にある週刊の『クートネイアン』新聞社にオフィスを開くことができた。机二、三個を借り、印刷は家主の新聞と日を分けて、週一回、借りるというシェアというより、間借りでの出発だった。

新聞社も十人弱のスタッフで回転し始め、クートネイ谷付近の大小十カ所ほどの抑留キャンプ等に収容された日本人たちも、それぞれ生活を立て直し始めた。主な生活費はカナダ政府から支給されるものだが、これで足りるわけでなし、第一、日本人の性根からも、「顎足つきの」収容は不愉快であった。それで、各方面に実際の労働に携わる機会をそれぞれ探した。

『ニュー・カナディアン』にも求人、求職のニュースはひきもきらず、かつての教会、職業団体、労組、出身地ごとの県人会、エスニック・ネットワークも役だった。カナダの公的人材紹介機能も助けになった。なにしろ、戦争中のこと、政府機関も、街の零細事業所も、農場・山林業も、どこもかしこも、人手不足であった。

キャンプといっても、特別のところを除くと、鉄条網がはられ、剣つき銃で武装した兵士が管理しているところは多くない。とくに、スローカン谷の場合、交通に不便さもあり、キャンプからの出入りは比較的緩やかであった。

人員は、レモンクリークなどスローカン谷七カ所がもっとも多くて、約五千、次がもっとも離れたタシメが二千六百、カズローは千ほどだ。このスローカン谷のキャンプ跡を一九九〇年代に順繰りに訪れた。

さすが、半世紀も経つと、ここに住んでいる日本人はほとんどいなかったが、近くのカナダ人のダウンタウンであるトレイルやネルソンに住んで、訪れる日系人はいる。

梅月高市ら『ニュー・カナディアン』社のスタッフがカズローに集結した理由は、すでに街があったからだし、郡役場も存在したからだ。他はだいたい急ぎバラックを量産した。

衣食が不十分ながら整ってくると、どこの家庭でも心配事は子弟の教育問題である。なにしろいずこも強制移動させられて以来、半年以上も子供の学校教育を打ち切られてしまったままだ。

どの移民も子弟教育には熱心であるが、ことに日本人移民にはその熱心さは伝説的でさえある。ただ、その内容はカナダ式の公教育と、日本人としての国家観に基づく教育とのあいだには常に緊張があった。

日本人は、カナダの学校制度に基づく公的教育を受けさせるかたわら、エスニック・グループとして日本語教育のための私塾、私教育学級にも通わせた。

後者には、日本の文部省等から日本語教員を派遣して支援するのも伝統的であった。ただ、日本語教育には日本の国定教科書を準えたテキストなどを使う場合もみられたので、対立、緊張が生じた。

どの社会の言語も真水のようにニュートラルなコンテンツというわけがない。日本語を教育するのに日本の文化、制度、慣習等の内容を抜きにして教えるわけにはゆかない。当然、天皇制を中心とする国体、男子中心の家族制度、封建制度の体臭を残す道徳観、その他の日本の思想を盛り込んだ教材になる。

カナダでは、さすが日本の国定教科書をそのまま使っていたわけでなく、鈴木悦、佐藤伝らにより、カナダの事情に相応する教科書編纂委員会も活動していた。

これを学んだ子弟は、カナダの公教育の背骨である民主主義、男女平等、人民主権の思想と相いれず、しばしば家庭内やコミュニティ内で対立を引き起こした。

強制移動地のキャンプでの子弟教育はこの二律背反の教育を打ち壊してしまった。

キャンプの公教育に「兵役拒否者」の協力

教育態勢の回復が比較的早かったカズローの場合はどうか。

カナダ市民向けに小・中学校は存在した。しかし、すぐ日本人児童もというわけにはゆかなかった。

こういう時、宗教人の役割がある。キリスト教の日本人合同教会牧師、清水小三郎の記録によると、一九四二年四月という比較的早く、カズローに到着した清水はまず子供たちの問題に直面した。最初は、公園のピクニック・テーブルを使って野外でクラスを編成して子供たちを集めた。

次いで、街の大型の空き店舗のスペースを校舎に改築、学校らしいものを設けた。校長に信夫亮平をあて、ＰＴＡも組織して、学校を支援した。並行して、地元の聖アンデレ教会に依頼し各種の社会学級もオープンしている。幼稚園、日曜学級、英語の社会人教育等だ。

日本語による日曜礼拝を地元白人の午前集会に続いて、午後開催している。世界中から各国語をもった新移民の絶えない北米の社会ではこの習慣は今もよくみられる。

キリスト教に限られているようだが、宗派、エスニック・グループに関係なく、午前中は地元の白人の英語礼拝、午後は中国語、韓国語、ポーランド語などによる日曜礼拝というわけだ。

清水牧師が所属していた「合同教会」（ユナイテッド・チャーチ）のように、宗派・人脈のことなる教会の合併だってあり得る。

スローカン谷の南端に生まれたレモンクリーク収容所には約二千人の日本人が集められたが、ここでの児童教育はどうだっただろうか。

ここは、カナダを横断するカナダ国鉄（ＮＣＲ）の待機線や保線区のあった駅で、一八九六年に近隣で金・銀鉱山が発見されて人が集まり、また出荷が便利なため農園も広がっていた。日本人の収用のため政府はその農地を買収して三百戸ほどの、キャンプ向け標準住宅を急造した。

日本人の大集団が到着するか、住宅が完成するか、の時間の争いで大混乱になった。やはり合同教会の教会史に一文がある。ここへ混乱収拾のため派遣された牧師ミス・ヘレン・ハードの記録によると、住宅用の小屋にキッチンが整うまで、大きな野外テントで列をつくって食事を取るありさまだった。

ヘレン・ハードは在日三十年、東洋英和女学校などで教鞭を執った宣教師、レモンクリーク収容所では親友のミス・ハミルトン宣教師と協力して学校運営にあたっている。この二人のカナダ・メソジスト教会の努力はのちのちも語り草だ。

ハードが到着する前の混乱期に、到着していた児童教育の経験や免許をもった日本人が空き家を利用して幼稚園や低学年児童の教育を自主的に実施していた。

空き家幼稚園のあまりの狭さに親たちは当局に自前の拡張を申し出て、増築した。ハイスクール・クラスも小学クラスの片隅で夜間コースとして運営していたが、新校舎を建てることになった。この時期、高校はカナダではまだ義務教育でなかったから、日本人父兄は全部自前で建ててしまった。

教師陣はどうしたか。牧師たちは、「良心的徴兵忌避者」に眼をつけた。かれらは犯罪者ではないが、政府に抑留されていた。当局に交渉し、高学歴の白人の資格者の釈放を勝ち取り、ハイスクールに配置した。

「良心的徴兵忌避者」は十八世紀にヨーロッパやロシアなどの起こったロシアのドクホーバー派、英国・ドイツ等に起源のクエイカー教徒などキリスト教の一派で、絶対的に武器を手にすることを拒んだ。

クエカー教徒やドクホーバー、メノナイトの集団が、移民地にカナダを選んだ理由の一つが兵役拒否であった。その流れの求道者がカナダには少なくなく、「良心的兵役拒否者」とよばれた。ドクホーバー教徒が内陸部におおかったこともこの機会になった。兵役を回避するに、社会奉仕が求められるケースもあった。

カナダ各地に散在するかれらは教育だけでなく、生活面で日本人への温かい支援をおしまなかった。『パウエル街物語』を書いた森田勝義は、開戦いち早く、米国国境にちかいグリーンウッドへ移動させられた。一九四二年五月という早い時期に移動を可能にしたのは、この町が発電所や上水施設があったことがあり、従業員が住んでいたこともあって、居住空間が空いていたからだ。日本人はとりあえず、朽ちかけていても雨風しのげるといわけだ。だが食事に困った。そのとき、日本人が多少偏見でみていた「ズカボー」とよばれるドクホーバー派の人々がポテト、人参、キャベツなどを格安に提供したのである。

彼らの協力なくして、日本人の大学卒業者だけでは、ハイスクールは成立しなかった。

生徒も最盛期百三十名に達し、二部授業を維持した。

政府が乗り出す秋まで、レモンクリークだけで、こんな自主的なクラスは四組にもなり二百三十人が学んだのである。衣食住以外、無秩序ともいえる教育環境のなかで、ともあれ日本人はどのキャンプでも子弟たちをしっかりとまとめ得たのは、誇りに足る文化的資質といえる。

移民集団は、日本人だけではないが、「高い生活水準」をもつ国や社会へ移住するということは、親の世代より高い学歴、知識、技術を子供たちに持たせたいからだ。「上昇社会移動」という。

『ニュー・カナディアン』紙は、各地の自主的な教育活動を、読者からの通信をもとに積極的に報じ、それがまた新しく生まれるキャンプの日本人の手本になった。

同紙の一九四二年十二月十九日号が教育状況をまとめている。それによると、カズローを先頭に整い始めた。

日本人千人弱のサンドン・キャンプ十一月に初等科とハイスクールの学級が発足、ポポフ・キャンプではバンクハウスを二十教室、二職員室からなる二階建ての学校を新築、タシメ収容所では六百二十九人の児童を収容した、などと報じている。

特筆しておきたいのは教師陣だ。キャンプでの教室といっても、カナダの正式の公教育だから、資格のある教員が不可欠だ。過疎地である上に、戦時で人員不足。そこで、日本人（日系人）の「教員」が採用された。彼らにとって、バンクーバーでは思いも及ばなかった正規の教師の職だったのだ。

高学歴の日本人二世で教育学部を卒業した人材も生まれ始めていたが、カナダの公立の学校に採用されることは、本当に稀であった。日本人コミュニティ内の日本語学校などエスニック社会に閉じ込められ、教員資格所有か志望を持つ若者に絶望感を与えていた。

これは、日本人コミュニティだけの問題でなく、新移民、とくに非白人の移民に共通することであった。

日本人教師を採用することは、思えば戦争の副産物であった。バンクーバーでは、白人の差別的な硬い壁があり、どんなに優れた教育学部卒業の若者も正規の教員にとりたてることは難しかったからだ。戦争はこの体制を崩したのであった。

日本人・日系人の新卒者には学力はあったが、カナダの学校での経験がほとんどないため、政府はニューデンバーのキャンプに急遽、教育インターン生訓練の場所をつくった。ここで指導したのは、日本からの戦時交換船で一九四三年早々に帰国したミス・ハミルトンという日本の女学校の校長をしたキャリアのある人物たちだった。

彼女はスローカン谷の諸キャンプでのカリキュラムなどきちんとしたハイスクール制度に整備すべく全力を尽くした。

日本人の「難民」は、流動を余儀なくされたが、日本人・カナダ人の教育関係者の大いなる努力で、戦時下も切れ目なく、子弟の教育を維持することができ、やがて戦後、その生徒たちがカナダ社会で活躍して恩返しをすることになる。

その一人がジョイ・コガワだろう。一九三五年生まれだから、数え七歳。バンクーバーから三十数時間も列車に揺られてスローカン谷のキャンプに送られてきた一人だが、後その時の生活を元に、『ナオミの道』（邦訳、小学館）という文学作品を世に送った。スローカン谷の教育を体験した、少女の眼のしっかりした描写である。

多くの作品でカナダ文学賞が与えられている作家である。その原風景はスローカンでの生活で、小学校での教育のすばらしさがあったからだ。

カズローに住み続けた日本人教師

カズローを取材しているとき、偶然、一九四二年以来、この町に住み続けている日本人教師に出くわした。ここで起きたわたしの出会いは、いずれも偶然過ぎるものだった。

カズローにはともかく一九九八年夏、三、四軒の小さな宿屋しかなかったから、事前に予約しておいた。前に書いたように、バンクーバーから六、七人が乗った小型機ビハビランド（これはカナダが誇る自国製）機でカッスルガーという小さな空港へ到着、ここでこれも予約済みのレンタカーのムスタング（これは米国製）を運転してやって来たのだ。

ホテルという名の旅館に旅装を解いて、二、三ブロックしかない街に出てみた。一ブロックといっても、50～60メートル。翌日、これもアポイントをとっておいた地方歴史協会の会長に会うことにした。

前にも書いたが、翌日、会長を訪ねようと、道を歩いているとこどもを連れた大きな男から「ドクター・タムラか」と声をかけられた。会長のピーター・ストックだった。本職は「ヤマのおとこ」、自然保護やガイドの仕事だ。会長はむろんボランティア。だから、作業ズボン姿だ。本人は「マウンティンマン」と名乗った。北米では、特別の響きをもった仕事だ。

わたしが、カズローを訪ねることなど、小さな町に知れわたっていたのだ。滅多に会わない東洋人ときたら遠い日本からの来客に決まっている。かくて、この町と日本人について簡単な知識が得られた。その話の中で、ここにいまも元教師の日本人カップルがいると聞かされて度肝を抜かれされ、もちろん会ってみたくなった。

ピーターは、「彼女は毎日、お茶の時間になれば、コーヒーハウスにいるよ」と教えてくれた。コーヒーハウスは、「目抜き通り」に一軒しかない。もとの『ニュー・カナディアン』新聞社のすぐ隣だ。

小さな喫茶店のドアを押すと、彼女、すなわち阿田木《あたぎ》あやさんは、すぐわたしに声をかけてくれた。来店を待っていてくれたかのようだ。小さな町だ。

阿田木の姓は和歌山県有田の人、彼女はバンクーバーに生まれ、UBC（ブリティシュ・コロンビア大学）の卒業生、歴史を学んだ。UBCは今日でもBC州の最高学府、教育・研究の水準の高さで知られる。

知的向上心の高い日本人の二世は列をなしてこの大学に合格していた。しかし、それはその教育水準の高さに匹敵した就職があったというわけではない。

カズローに移動したのは、父がすでに先にカズローへ来ていたからだ。

カズローでの日本人収容は、スローカン谷の諸キャンプのように初めから新しく住宅を建てるのでなく、空き家、ホテル、バンガローなどを総動員しての入居処理であった。したがって、町内ばらばらに住みつき、その結果、すぐではないが、やがて日本人も町の住民と同様に生活できた。商店、銀行、教会、学校も利用できた。日本人は「学務委員会」という自主的組織をつくり、これもカズローに来ていた政府の日本人収容者管理機関（BCSC）との交渉窓口にしていた。

一九四二年九月八日には、公園や空き家を使って、早くも学校を再開した。阿田木のような日本人の高学歴と広い知識のある若者が児童の前に立ったのだ。日系の教員はまだほとんど正式の教員免許があったわけではないが、政府の方針に沿って英語で諸教科を教えることが可能だったのだ。

日本人は、ことに一世は特別の人を除いて、日常生活は日本語であり、政府との折衝も英語力のある人を介さねばならないからだ。むしろ政府の側が、日本に在住したことのあるミス・ハミルトンやその他の宣教師、牧師たちのように日本語能力のある白人カナダ人を用意した。

とくに、日本で働いていた宣教師はキリスト教系の私学で英語教師をしていた例が少なくないから、高学年の生徒への授業では適任だった。カズローだけでなく、タシメ収容所でも八学年までのクラスがあったから、山梨英和学院などで教鞭をとったアニー・M・マクミランらの授業支援がなかったら、教育は質の低いものになったかもしれない。戦後、マクミランは帰日して静岡英和女学院の校長についている。

また、戦後のカナダ政府への日本人収容者の人権問題を提起するのにも、宣教師たちの奮闘におおいに負うている。こうした尽力をまのあたりにした日本人が次第にキリスト教への眼がひらけたのも無理が無かった。

カズローでの学校再開は、早かった。他のキャンプもこれに倣った。

カズローも含めて、キャンプ地全体の日本人教育や学校制度のイニシアティブをとったのは、正規のカナダ教員免許と経験をもった兵頭英子で、彼女は教育監督官という公職に任ぜられ、またカズローを含む日本人学校で実際教鞭もとっている。この監督官、日本でいう自治体の教育長のようなものだろう。

ヒデ・ヒョウドウは、いわば戦時「代用教員」である各地の日本語学校の教師を指導し、日本人教員もまた、いのちがけで教壇を守った。

カズローがもっとも早く整備された。地元の白人のハイスクールに九月二十四日に四十五人の日本人生徒の入学が許可され、収容能力を超えたグレード（学年）九の子供十六人のために、日本人ハイスクールを設置して、十月五日から授業を始めた。

この他、学科の遅れていると思われるもののため夜学校を開いたり、仕事をしている若者のために通信教育で補う協力をしたりなど、『ニュー・カナディアン』紙は細かく報じている。思うに、グレードの低いということは、ひとえに教育の機会を損じていた英語力であったろう。

ＢＣＳＣ、キリスト教会、日本人父母などの本気の教育再開努力がなければ、子供たちも白人の児童のなかに受け入れられてゆくのはもっと困難だっただろう。

白人の親たちの日本人への偏見が仮になくても、子供たちは「疎開」やよそ者に壁をつくるものである。ことに、英語力はからかわれやすい口実になりやすい。

いまでも日本人ならたいてい、英語力が低くて子供たちに冷やかされた体験がある。教養のある英語人には、そんなことはないのだが。

両親の事情で遠く山間僻地や島嶼での山林伐採や製材等に従事しなければならなかった二世の若者が英語でコミュニケーションをとる機会は少なかった。

キャンプの教育制度を守るため日本人の家庭が父母のキャリアや学歴、経済状態、宗教上の立場など超えて、ＰＴＡなど組織して一体になった。梅月高市も学齢期の子供たちをかかえ、新聞で応援するだけでなく、自らも、ＰＴＡの仕事に加わっていた。

ここでも、戦争の副産物として子供たちの英語力や学力のレベルアップとして結果した。

カズローでの阿田木からの聞き書きをもう少し、記録しておこう。

第11章 カズローに残った日本人女教師 阿田木《あたぎ》あや子

「カズローに墓標を」と日本人女教師

戦前、林産や鉱物資源の積み出し、郡行政の中心で栄えたカズローは、現在は山地トレッキング、別荘、セカンドハウス、緑のリクレーションなどで見直されている。

戦時の一時期、日本人抑留者の大量到来という「歴史的」事件を、住民は、初めてのアジア人との交流、日本人の日常生活の流入と、喧騒、不安、興味、驚愕、畏敬等とで迎えた。この最後の部分には、日本人の衣食住だけでなく、習慣、信仰、教育、精神、文化などにも触れたことも含まれる。

これは、BC州というわずかの先住民（カナダ・インディアン）のものと、ヨーロッパ文明しか知らない住民、主として白人には驚きの連続であった。だから、この地域の最大の日刊新聞『ネルソン・デイリーニュース』の一九四二年一月十五日号は社会面トップ三段抜きで「ジャップ異人、海岸地帯からやってくる」とそれは腰を抜かさんばかりの驚きで報じていた。

その驚きが、逆に日本人との接触が、後に、その心のなかに、不思議な残像を残すことになる。日本人の大集団が、カナダ政府の施策で突然居なくなった戦後、逆に日本人収容の事実を懐かしみ、「ヘリテージ」として大切に残すことになる。

次元は異なるが、日露戦争で捕虜になったロシア人兵士の存在とか、第一次大戦で捕えられ、四国で捕虜生活を送ったドイツ兵への日本人のそれを連想させる。その事実は、紙の上や建物、空間だけでなく、カズロー住民の心の内に残ったのである。

そのなかで、唯一、生身の人間として元教師の阿田木あや子さんとそのパートナーの一組のカップルが住み続けた。あや子さんは、結婚して東あや子になったが、日本人や地元の人には、阿田木あやさん、で通っている。

「私たち、ひょっとすると、ここに墓標をたてるかもよ」と天真爛漫だ。阿田木らをカズローにひきとめたのは、「住めば都」、風光明媚、戦時教育への郷愁だけだろうか。カズローの住民の親切さ、阿田木への尊敬、阿田木の父の生まれ育った紀州有田の風景や自然との二重写しの風土などがあったのではないだろうか。

阿田木は「父に馬に乗ることの手ほどきを受けたのよ」と振り返る。剣道もしていた、古風の日本男児だったらしい。彼は、典型的な日本人一世の労働移民であった。彼は、米大陸に足を踏み入れてから、当初、西海岸とシカゴを結ぶグレート・ノーザン鉄道で働いた。多数の日本人労働者に保線や燃料用材木の伐採の作業を依拠していた。

この鉄道を辞めてバンクーバーに移動し、ここでは自然とCPR（私鉄のカナダ太平洋鉄道）で働いた。といっても、機関士や駅務員であろうはずもなく、保線などの労働だろう。全カナダに1万5500マイル（およそ2万5千キロメートル）もの鉄道網、千二百両もの機関車をもつCPR（詳しくはJ・ロッツ他編『カナダの鉄道』）は日本人や中国人、また北欧からの移民労働に頼らねば運行できなかったわけだ。

さすがに、現在は旅客輸送は航空機（CPエアー）、自動車交通に移っており、米国、日本同様、ローカル線は廃線になっている。長距離鉄道は米国の「アムトラック」のように観光事業で生き残っているが、CPRやCNR（国鉄）は木材、鉱物、重量運搬物の輸送には欠かせない。また、海上輸送、ホテル、商業でもカナダ有数の企業だ。

あやさんは、父が先にカズローに強制移動できていたため、この地へやってきた。ここに、急いで開設した日本人児童の小学校に雇われたわけだ。のちに、バンクーバーの大学で教員資格取得の再教育を受けて、正規の教師になり、最後は校長として、戦後の日本人小学校の店じまいの責任を負った。

カナダ政府の方針で戦後は、カズローを始めスローカン谷やその他の収容所に収容されていた日本人は「自由」になり、多くはトロントなどの東部の都市へ、少数が元のバンクーバーなどへ再移動した。このため、収容所は閉鎖、解体したが、阿田木はカズローに戻り、白人の地元小学校で、定年まで三十数年間、教鞭をとったのである。定年後、カズローの自宅で静かに過ごしていたのだ。

阿田木あや子さんは、ここカズローで日本人小学校に学んだ二世たちが毎年のように訪ねてくるのを楽しみにしている。これは、教師としての天の恵みで、ときおり催される同窓会や再会の集い（リユニオン）をホストし、周辺の旧日本人収容施設群の灯台になっている。

梅月ら『ニュー・カナディアン』が音頭をとった集会が一九九二年から二度開催されたが、もちろんその成功のカギは阿田木夫妻の存在であった。

カズローでの『ニュー・カナディアン』

クートネイ湖畔のカズローの教育はうまくいった方だと、阿田木あや子さんは言う。彼女はカズローの日本人小学校が閉じられて、一度は、スローカン谷の別の小学校に転任になっている。いずれにしても、この周辺で百人からの日本人二世の学卒者（その多くが女性であった）が兵頭英子・収容所学校監督官の指揮のもと教育にあたった。この公職、日本流の教育長相当な権限と責任を有し、カナダ政府の予算のもと、自主性、創造性、団結力をもって教育にあたった。個々の教員の献身はいうまでもない。

ジャーナリストのフランク、モリツグは、これらの教師であった二世の声を集めて、二〇〇一年に一冊の本をまとめた。日本語訳名『ロッキーの麓の学校から――第2次世界大戦中の日系カナダ人収容所の学校教育』（訳者代表小川洋、溝上智恵子ほか、東信堂、二〇一一年）という長い名前の本である。

この本のなかには、兵頭も阿田木も登場する。わたしは、長いカナダでの調査、取材の年月、このフランクにどれほど世話になったことか。わたしの調査時、実は事情でフランクは梅月高市の一族との姻戚関係になっていたのだ。それだけでなく、フランクは本論の主人公である梅月高市らが率いた『ニュー・カナディアン』社の若き社員として、そのジャーナリスト・キャリアの第一歩を踏み出していたのである。

フランクによると、バンクーバー時代、高校で新聞部に属して新聞記者を目指していた時期、『ニュー・カナディアン』を創刊のショーヤマに依頼されて、自宅のあったキチラーノ地区をカバーするスポーツ通信員として働いたというから、プロのジャーナリストのキャリアとして同紙には二度目の参加となる。

キチラーノというところは、バンクーバーの日本人街であるパウエルの西方に位置し、やはり日本人が集中して生活していた。前者がバラード入江に面し、港湾やCPRの始発駅などのある賑やかな商店街なのに、キチラーノはイングリッシュベイに面した閑静な住宅地だ。

カナダの日本人のスポーツ好きは大変なものだった。これといった娯楽もすくなく、一九二〇年代前は一世の男たちがどれほど酒と博打に溺れて、問題を起こしたことか。この悪い風習をいさめ、健全なコミュニティ生活、家庭をつくり直したのが、教会と「キャンプミル労組」のような労働運動であった。『日刊民衆』『大陸日報』のようなエスニック・ジャーナリズムの貢献も大きかった。

日本人のスポーツは一世なら相撲、二世なら野球、それからアイスホッケーだろう。

ことに、「朝日軍」で知られる野球は伝説だ。この「朝日軍」をテレビプロデューサーの後藤紀夫がテレビ番組にした。のち単行本にもなった。このテレビ作品にわたしも出演したが、いまでもカナダの日本人社会のレジェンドである。二〇一四年には、この後藤の作品を下敷きに『バンクーバーの朝日』（主演・妻夫木聡）として映画化もされた。二〇一九年には日本を訪問、各地を転戦した。

一九四〇年代、開戦まで、多数の成人や学校、少年の野球チームが生まれ、技量や勝ち負け、エピソードで沸いた。フランクは、アルバイトともインターンシップともつかぬ、通信員としてショーヤマの指導のもとに記事を書いたようだ。日本人コミュニティの新聞は日本語ページも英語ページも競って野球やスポーツ記事を載せた。

『日刊民衆』のライバル新聞だった『加奈陀新聞』の一九四一年の号をめくっていると、キチラーノの「帰道館キチラーノ柔道支部」の進級祝賀会という記事があった。そこに道場青年部代表として森次晃（モリッグ・アキラ、フランクの日本名）の名がある。

フランクは柔道好きで、そこからスポーツ通信員になったのであろう。この道場、「キャンプミル労組」の幹部の一人で梅月の親友、神野専・三段が有段者として睥睨していたとある。神野も伝説的な日本人指導者だ。ところで、わが梅月高市はどうか。彼の釣り好きは有名で、釣りにうちこむ一世は結構たくさんいた。ゴルフもそこそこの腕前だった。

カズローの『ニュー・カナディアン』新聞社も強固な経営基盤があったとはいえない。カナダ政府の日本人抑留者への対策の一つとして、新聞を出させたのである。前にも書いたが、当初は、人件費も含めて費用丸抱えであったかわりに、政府告示を掲載させ、独自記事の厳重な事前検閲を実施した。

人件費など、ショーヤマ、梅月らは管理機関のBCSCとよく交渉している。後者の検閲はもちろん編集部の精神的な重い負担であったし、検閲をパスせず、印刷が間に合わないため、白色、白紙や墨による黒塗りも一再ではなかった。

カズローは、検閲機関のあるバンクーバーから遠く離れているため、監視が厳しくないようであると思いがちだが、その実、「事前」検閲のため提出時間が大問題だった。植字面に組んだ組版を印刷におろす時間に間に合わないのである。

なにしろ、鉄路もないカズローと、検閲当局のあるバンクーバーとのあいだは、試し刷りの印刷物を運ぶのにも簡単ではない。

政府は経費丸抱えで、事前検閲を実施したが、人事まで口出ししたか、どうかは、分からない。人事の自主性はあったようだ。編集部で一世は梅月と辻だけだが、二世のほうは、ショーヤマの親しい仲間が集められていた。

カナダ政府は、日本人のなかの反カナダ思想や日本の国家主義思想の分子のいることは熟知していた。さすが、そういう連中は除かれている。開戦前にパウエル街の「リトルトウキョウ」で発行されていた日本語新聞は発行停止処分になっており、多数の新聞人が「敵性」人物として隔離されたり、監視下におかれたりしていた。

これら、「日本派」「愛国派」がカズローやスローカン谷のキャンプで問題を起こした例は知らないが、他のキャンプ、ことに最大の人員を収容していたタシメ収容所では問題があった。これは、あとで、詳しく書こう。

さて、カズローの『ニュー・カナディアン』社のショーヤマと梅月のもとに結集した日本人と二世の社員や編集の支援者は、人員、時期とも一定ではないが、順不同で示すと次の人たちだ。

トム、ショーヤマ
梅月高市
ハリー、コンドウ
ハロルド、ツカネ・マエダ
ロイ、イトー
ジュンジ、イケノ
フランク、モリツグ
マーガレット、リオン
ノジ、ムラセ
キャシー、オヤマ

それに、パートの文選・植字、タイプライターの協力者たちだ。ショーヤマ、モリツグなど途中退社して、軍に志願したひともいる。そのあと、もちろん、トヨ・タカタらの日系人が、ぁとを継ぐが、カズロー時代以降である。梅月だけは、終始、『ニュー・カナディアン』を守った。家族持ちの者は、妻子もカズローに呼び寄せて安定した仕事が数年続くことになる。

『ニュー・カナディアン』の情報ネットワーク

カズロー時代、新聞紙面は、当然当局の布告、通知、思惑を英語、日本語の両方で正確に伝えた。読者である日本人にとっても、広いカナダに分散して生活しているわけだから、これはとても大事な情報網であった。ＢＣＳＣの新聞発行援助の狙いでもあった。

新聞社の取材、情報収集はどうしていたか。

直接取材することには、人員、コストからも限界がある。移動でスローカン谷やカズローに立ち寄った日本人からの伝聞、カズローにもたらされた通信、私信、伝言も大切だが、信頼性のある情報の確保には気を使った。

欧米では「クリッピング（新聞切り抜き）通信社」というのが発達している。トロントやオタワに本社を置き、集められた全国各地の新聞から、契約者の希望に応じて関連既記事を切り抜いて送るのである。日本でも明治時代からあるビジネスだ。

ショーヤマらは、ジャーナリストだから、この「Ｂ　ｔｏ　Ｂ」のビジネスを知っていて契約していた。トロントのユニバーシティ街に本社を置く「カナダ・プレスクリッピングサービス社」は、『グローブアンドメイル』紙など、主要な新聞記事を切り抜いて連日カズローへ郵送してきていた。

ショーヤマら英字面の記者たちは、これらを読んで、政府、各界指導者、輿論、戦況などの動向を把握していた。

日本語面を担当する梅月の場合はどうか。

ここに面白いことがある。カナダに限らず、海外で発行しているエスニック新聞全般にいえることだが、移民集団の出身母国の言語のページと、ホスト国の言語とで印刷している場合、双方の記事、論調、コラムにはほとんど相関性がないのである。別個の編集陣を組織し、両者で一緒に編集会議をもち、統一した編集企画や方針をもつことはない。だからといって、異なる主張をして対立するということはまずない。双方の記者たちは、普通に付き合い、生活している。

『ニュー・カナディアン』紙の場合も、重要な政府の告示など、英文の元の文章を日本語に改めて掲載するため、相談することはよくあることだが、だからといって記事一つ一つで付き合わせるということは無かったようだ。

枢軸国の開戦、戦争を批判し、連合国の民主主義擁護や、カナダにおける日本人たちの生活、生命、権利擁護という大筋のことでは、一致し、互いに信頼していたわけだ。それに、当初、新聞社はショーヤマが社主であり、梅月は雇用されている記者であった。

それでは、梅月はどのようにして日本人読者が求めている日本人関連の記事、情報を集めていたのか。

各収容キャンプや労働キャンプ、農場などに散らばる日本人からの手紙、通信である。主要なキャンプには、『ニュー・カナディアン』の取扱所を設けて、有料化してからの紙代、広告取扱などの業務を委託したが、それほどアクティブというわけにゆかない。
そこで、頼りになるのが、旧「キャンプミル労組」の活動家や友人たちだ。彼らは、一九四三年一月頃だが、次のように分散して生きていた。一部を示そう（順不同）。

佐藤伝（アルバータ州、ラコム市の農場、元バンクーバー日本語学校校長）歴史の古い学校も戦争で閉鎖、パウエル街の大きな校舎は接収され、佐藤はカレッジ・ハイツという大学農場に落ち着いていた。校舎の会議室はパウエル街では貴重な会議室で、恩恵にあずかった日本人は多い。キリスト教系の大学でクラスと共に、農場や牧場をもち、学生に汗を流させる教育をする学校はよくある。

内田一作（アルバータ州、マグラース）、運動家でよく文章も書いた。ひで子は妻だ。

内田仙太郎（BC州、クリスチャン・レイク、アルパイン・キャンプ）労働キャンプである。

益田徳平（BC州、ペリー・サイディング）組合の常任幹部であった。

二瓶熊治（BC州、タシメ収容所）オーシャン・フォールズ支部以来の古参の活動家。

山家安太郎（同、ホープ、111マイルキャンプ）日本人農協を組織、『日刊民衆』以来の強固な協力者。古いクリスチャン。道路建設の労働作業だ。

宇都宮鹿之助、**山本倫由《みちよし》**、**松下一郎**（BC州、スローカン谷、ベイファーム）いずれも、『日刊民衆』以来の中心的メンバー。「111マイルキャンプ」というのは、道標しかない地点のこと。

宮沢一郎（オンタリオ州、サドバリー）クリーニング工場、就労中、カナダ軍の情報部隊に志願、バンクーバーでは短波ラジオの無線局のライセンス所有。

彼らからの頻繁な通信が梅月のところによせられる。各地の臨時の道路建設キャンプ、農場、製材所などでの日本人の様子が紙面で知らされる。まだ、工場や商店などでの仕事にはありつけず、肉体労働の現場で多くは家族と離れての稼ぎであったが、読者には安心感を与えた。

強制移動や臨時の賃仕事であったが、手紙のやりとりは自由であった。

ただし、手紙はすべて当局によって検閲された。『ニュー・カナディアン』も、このことを読者に注意している。早く届くのは、はがきに英語で書くこと、日本語では検閲官が英語訳を待つため、ワンステップ遅れる、封書の場合さらに遅れると、いく度も念をおしている。

皆、家族へも慣れぬ英語ではがきを書いた。これで、だいぶ英語が上達したという日本人一世もいた。

当局の日本語検閲は誰があたったのであろうか。主に日本から帰国した行政官、宣教師、英語教師、牧師、研究者、学生たちだ。カナダ政府の公務員への日本語履修対応はアメリカに比してやや遅れていたようだ。戦争の末期になると、軍に日本語のできる情報・諜報部隊が強化され、二世の採用も始まる。

『ニュー・カナディアン』から軍に志願した二世たちにも、この部隊に入り、第二次大戦末期、宗主国英軍の作戦の一部としてインド、ミャンマー方面で対日本軍工作に動員されたものもいた。

カナダ軍はこれら二世情報兵の訓練のため、アメリカより相当遅れて軍日本語学校を設置、ここに学んだ二世兵が除隊後、戦後来日して経済活動や文化活動に携わった。

メディアの特派員として戦後来日したフランク、モリッグや国際自由労連の日本駐在となったイチロウ、ミヤザワなど元語学兵だ。

『ニュー・カナディアン』はやはりエスニック紙

一九四三年になると日本人も全体として落ち着きを戻し始めた。日本人というエスニック集団としては、ゆっくりと西から東へと大河が流れるように動いていたが、列車や車両に詰めこまれて荷物のように乱暴に運ばれることはなくなった。

まず、BC州の山間僻地の要所で道路や河川の架橋建設といった臨時のキャンプは次第に閉鎖されて、そこに働いた男たちはスローカン谷の諸キャンプにいる家族とひとまず合流し始めた。

もちろん、生活のため仕事を続けねばならない。キャンプの内外での仕事口は限られているから、次の労働場所を求めてさらに東へ向かった。今度は家族を伴って、BC州をあとに、ロッキー山脈を越えての移動だ。

政府もそれを推奨した。アルバータ州からサスカチュワン州、マニトバ州という大平原では、これといった工場は少ないので、やはり製材、農業、牧畜といった第一次産業であった。村や集落は男子が軍に召集され、労働力が不足していた。工業化が進んで、集約労働のあるオンタリオ、ケベック、さらに大西洋岸の州にまで日本人は再々移住の労をおしまなかった。航空機、自動車、造船、兵器、通信機器、鉄鋼などの重化学工業はこの地方に集中している。

梅月高市は、手紙や通信だけでは実情を掴みきれないと考えて、一九四四年秋、十日間ほどキャンプや村を訪れての直接取材にでかける。旅行好きの梅月にちょっとしたカンフル注射でもあった。

第12章　戦時中の収容日本人の生活

キャンプ収容日本人の生活

一九四四年になっても日本人は大きな潮流の流れのように西部から、東部へと静かに動いていた。家族ごと、仲間ごとである。就職、進学で一人の場合もある。

カナダ政府労働省は一九四四年八月、「日本人の分布状態」という文書を発表、『ニュー・カナディアン』がそれを紹介している。

ここで、「日本人」について説明しておく必要がある。この著書の中でも、特別の場合を除き、「日本人」として書いている。これは、英文でも「ジャパニーズ」としているからで、国籍を意味していない。

政府の強制移動の対象者は「日本人を祖先にもつもの」、すなわち、日本人の血を引く者という意味だ。だから、両親のどちらかが「非日本人」でもこれに含めた。この発想自体が、極めて人種主義的で問題を含んでいることはいうまでもないが、カナダ政府は米国にならって戦時に隔離する根拠とした。

太平洋戦争について、少なくも日本は「欧米列強からの植民地の独立」や「五族協和」を謳った。人種を公的に問題にしてはいない。本当の目的は資源や国土ではあったにせよである。

したがって、本著書では、カナダ政府の扱いのようにとりあえず、この論法でのカテゴリーとして「日本人」として記述しているまでである。

正確には、日本生まれで、日本国籍のものを「日本人」、カナダ生まれの日本人を祖先にもつ者を「日系カナダ人」または「日系二世」、「日本人」で国籍変更した者を「帰化人」と、表現している。しかし、国籍変更は簡単ではなく、しかも戦時で、個々にははっきりしない。

梅月高市がよい例で、早くにカナダの国籍を取得するが、意識としてはカナダ人以上にカナダ的である。しかし、ことばはバイリンガルというわけにはいかない。日本語のほうが優れているのはいたしかたない。個々に、国籍を判断して執筆することは、ここでは煩雑であるし、困難である。

そこで、戦時のカナダ政府の扱いは日本人の血筋を引く者をすべてひっくるめて強制移動させている。これは、人種に基づいた政策で、人権を重んずるはずのカナダの民主主義に反するし、国際法上も誤っている。このことは、すでに多くの人から指摘、異議が出ていることだ。

本文では、これらのことを、念頭に、とりあえず、「日本人」という表現をとっている。だが、カナダ労働省の発表は人種別でなく、国籍別なので、引用したい。

カナダ生まれ	一万四四二三人
帰化人	三三二一人
日本人ナショナル	五八一五人
アメリカ市民	一〇人
離婚者	九四人
合計	二万三七二六人

アメリカ市民とは伴侶、離婚者とは元アメリカ市民ということか。このデータは興味深い。日本国籍者（ナショナルとしている）、すなわち通常一世と呼ばれる者は、全体の24・3％だけである。多くは、いそぎ帰国していた。

日米が緊張し始めた過去十数年のあいだ、カナダに生業をもつ日本人は次々に帰国したし、開戦直前には日本政府も帰国を勧めた。開戦後もわずかではあるが、中立国スウェーデンの汽船を経由しての交換船で帰国している。

開戦後、日本とアメリカは戦時交換船を互いに運行した。日本からは、浅間丸、コンテ・ベルデ、龍田丸などの民間船が相手国の抑留者をのせ、ポルトガル領東アフリカのロレンソ・マルケス（現在のモザンビーク、マプート）等に向かい、一方、アメリカからはスウェーデンの汽船グリップスホルム号で帰国する日本人抑留者と交換するわけである。

開戦前、北米に向かった日本人は太平洋を越えアメリカ西海岸のサンフランシスコや晩市に近いビクトリアなどで下船した。しかし今回は、アメリカ東海岸のニューヨーク等を出港、大西洋、インド洋、南シナ海と逆のルートを横断しての帰国であった、地球一周となる。

交換船で帰国したものの中には、来栖三郎駐米特命全権大使のような政府高官、商社員、ジャーナリスト、のほか、シビリアンの武田清子のような著名な研究者になる留学生に交ざって、米加の日本人移民もいた。

このため、カナダでも日本国籍者は減る一方だったが、この時点では全体の四分の一ほどである。帰国しなかった日本人の理由も分析に値する。

僻地、島嶼にあってぐずぐずしていた、生活の基盤がカナダにできた、ことに子弟が学業やことばがカナダ化している、帰国には生活、思想、徴兵に不安がある、などが報告されている。

いまや、日本人のなかでも少数派になった「一世」に、これは、当然彼らの意識に影響を与えていた。

梅月はキャンプを十日間ほど、直接に訪ねて、残った一世たちを取材しようとしたのだ。その記録が一九四四年秋、『ニュー・カナディアン』に連載された。

梅月がBC州の農村部で見たものは

九月の初めというのは、北米では「レーバーデイ」、いわば勤労感謝の日、休みを取る人が多い。

梅月はこの休日と、取材を兼ねて、カズローの西方200キロメートルほどの農業地帯を訪ねた。

オカナガン湖周辺の町や村だ。ここには、かつて梅月が常任幹事を務めた「キャンプミル労組」の支部があり、その機関紙『日刊民衆』の読者拡大のため訪れたことがある。顔見知り、読者だった友人たちは、戦時下でどうしているだろうか。バンクーバーを離れた強制移動で、一時しのぎで、滞在している知人たちの身過ぎ世過ぎは如何ん、こんな思いだったに違いない。

取材とはいえ、公費、公機関は使えない。路線バスを乗り継ぎ、鉄道を使い、知人宅へ泊り歩き、作業用トラックへの便乗だ。ホテルへ宿泊したという記録は今回もない。ルートを見ると、カズローからバスで南下、ネルソン、グリーンウッド、さらに西へ進み、オカナガン湖の南部にあるペンチクトンから湖の東岸を北上してケローナ、オカナガンセンター、オヤマ、バーノン、カムループスに出る。

ここまで、路線バスや知人の車を使用、レベルストックまでは、汽車で東進、この間は長距離バス路線もあったが、戦時のため運休させられ、鉄道である。山間や巨大な河川やアロー湖を迂回しながらのろのろ運転、わたしもかつて乗車した経験がある。

アロー湖は汽船で対岸のナカスプ、そこから日本人キャンプのあるスローカン谷のニューデンバーへ、山越えで本拠地のカズローといまでも大変な旅程である。

カズローのあるクートネイ湖、ニューデンバーのあるスローカン谷と同様にアロー湖も、カナディアン・ロッキーの巨大山脈の西に位置する谷間で、いずれも南北に横たわっている。そこには大きな河川が流れ、いずれも南下してアメリカ国境を横切り、北米屈指の大河川コロンビア河に合流し、オレゴン州から太平洋に注ぐ。

BC州にとって、この大河川群、湖沼群は、ロッキー山脈と並んで、カナダ東部の首都や中部の大平原諸州とを結び、国土の一体性をつくりあげる交通インフラ網を建設するうえで上で一大難関事業であった。東西カナダを交通、通信、政経、文化で結ぶという国策は今日でも簡単ではない。開戦直後にBC州各地に何十とつくられた日本人の道路建設キャンプも一種「失業対策事業」、国防事業であったが、この交通インフラ網建設の延長であった。

この複雑な地形のあいだに散らばる町、村、農場に日本人は三々五々の生業を育み、そこへ強制移動でやってきた友人や親戚の家族を受け入れ、農業・果樹の仕事でとりあえず糊口を提供していたのだ。糊口をしのいで、さらに東へ向かったり、戦後、再びバンクーバーへも戻ったりした少数の人々が居たわけだ。彼らがこの一時期を「疎開」と表現しているのも、理由なしとしない。

この「疎開」という表現をする二世と、「強制移動」と表現する一世とのあいだにも、「日本」に対する微妙な意識の差がみられる。

さて、梅月にとって、この小さな町や村で旧友を訪ね、旅装を解き、自家用車の利用を依頼した。農作業用の車を用立てさせたわけだ。

その一人一人の様子を『ニュー・カナディアン』紙上（一九四四年九月）に書いた。井手律、宮沢八郎、竹井清水、森研三といったパウエル街では著名な日本人指導者から、無名の農業者までの元気な生活に、読者は安心したことだろう。例え、井手律が農家でリンゴ摘みの作業に従事し、宮沢八郎がホップ園で摘み取りの肉体労働をしていたにせよ、そこには気落ちしない元気な姿があった。井手は日本で高等教育をうけたパウエル街の知識人のひとりだ。

梅月のルポは、政府告示の公文書のようなお役所的な冷淡さも、読者からの通信として送られてくる日本人の勇ましい投稿とはまた違った、人間味溢れる生活記事であった。それがまた、普通の日本人読者に温かいメッセージとなったのである。梅月の決してうまくない文章の人気でもあった。例えば、こうだ。

「カムループスは本紙の生山（ショウヤマ）君の故郷。ショウヤマの家は、手入れの行き届いた学校の広いローンを道にはさんだ前だ。生山君そっくりの顔をした母親が家にいた。お父さんと生山くんの兄弟には、この人たちが経営しているベーカリーで会った」

一人一人の現況を修飾語もなく淡々と描く。カナダ政府の行政用語で、BC州内の居住地は、キャンプやカズローのような政府指定地を「インテリア居住地」、ケローナ周辺のような地を「自活移動地」、それ以外の「道路建設キャンプ」等に分類していた。

梅月が訪問していた時期、「インテリア居住地」に一万五十八人、「自活移動地」に五千三百二十二人、その他三百十人と発表されている。ロッキー山脈を越えてアルバータなどの平原諸州へ移動した者四千八百五十二人とある。さらに、トロントなどの東部オンタリオ州へ辿り着いたものはまだ二千六百八十二人に過ぎない。

『ニュー・カナディアン』に掲載された読者からの通信をみると、日本人の移動、再定住は全カナダへ広がっている。新聞が、ほとんど唯一の日本人というエスニック集団のコミュニケーションのツールになっていることが分かる。情報ネットワークの回路なのだ。

「本社」のあるカズローも山と谷に囲まれた不便な地にあるが、通信を送る読者の地も決して便利といえない、名も知れぬ小さな町にあった。

それら通信のなかには、評論、意見、文芸のようなものもあったが、冠婚葬祭、出生、就職、移動などの人事、慶事、仏事もあった。新聞は、これらもきちんと、三、四行の記事で発表した。

ネットワークで強まった「日本人」意識

読者からの通信は驚くほど多い。慶事、不幸、移動通知などの個人的な動向ももちろん、読者は熱望した。新聞のほうも、これはビジネス・チャンスと考えて、一九四四年頃には、クリスマスや新年の特集号に案内広告、名刺広告の出稿を呼び掛けている。こういう商売のアイデアはむろん長年、日本語新聞を作って来た梅月のものだ。

料金は日英語いずれも、だいたい1カラム（一段）×1インチで1・5ドル、二つの言語では2ドル、家族名を加えると25セント増とある。新聞にとって臨時のおいしい収入だ。

だが、日頃は各キャンプに依頼している「新聞取り扱い者」という名の通信員や積極的な読者からの通信という公的な記事だ。

「ヴァーノンの農業労働者、五月一日から時給五仙の増賃」「タフトとグリフィンレイクの道路キャンプ閉鎖、一時五〇〇人の日本人労働者。漸次、農業、山林、鉄道へ転出」「オンタリオ州キャンプ・スケシング、全村あげてパルプ労働」と云ったいわば「ローカル」記事は、読者からの通信に負うしかない。

新聞のバックナンバーを開いていると各種通信の送り手には、いかに『日刊民衆』時代の協力者が多いことか。一例を示そう。

キャンヨン（マニトバ）　加茂傳蔵
グリムスビー　太田三男
スローカン　山本倫由
ポプオフ　木下善一
オヤマ　松本喜代太郎
ラコム（アルバータ）　佐藤伝
カズロー　沖広浩一郎
ホープ　山家安太郎
サンドン　杉万岩蔵
トロント　田中兼
スローカン　宇都宮鹿之助
オンタリオ（オンタリオ）　小林豊次郎
グランドフォークス　西村登美

※（　）のない地名はいずれもBC州

ここに順不同に挙げた読者は、『日刊民衆』時の編集部員や積極的な読者で、「キャンプミル労組」のメンバーか支援者でもあった。

新聞を読んでいると、読者からの通信は当初、無署名でやがてイニシャルで書いているが、一九四三年後半になる頃には堂々と本名で署名している。このネットワークは基本的に一世の山林、木材、パルプ労働者であるから、英語より日本語に流暢で、『ニュー・カナディアン』日本語ページに慣れ親しんでいた。

「日本人」全体からすると、いまや四分の一の人員である一世の意向を示すものであった。それなら、彼らは皆日本びいきなのだろうか。

実は、それほど簡単ではない。太平洋で死闘を繰り広げている祖国「日本」と、どう付き合っていくのか、深刻な課題が彼らのなかで、いつも渦巻いていた。それが、交換船で帰国するか、否かの問題が突きつけられたとき、もっとも深刻なものになった。

祖国へ帰るべきか、否か。そして「祖国」とはなにか。

このテーマは日本人にはこれまでも繰り返し付きつけられてきていた。

まずは、開戦直前。『日刊民衆』『大陸日報』『加奈陀日々新聞』のいずれも、その他の回路も、最後の帰国船として龍田丸、浅間丸、帝亜丸等の動向を伝えていた。日本を出港したものの太平洋上で開戦直前にUターンしたおとりの汽船さえあった。

バンクーバーから遠い北方のプリンス・ルパートなどの沿岸漁者、内陸のパルプ工場労働者、島嶼の製材所などにいた日本人はすぐには、身の回りの整理がつかなかった。

バンクーバーやその近在に生業をもつ者も、家族のなかの意見がまとまらない、せっかく地域にビジネスが定着してそれを捨てきれない、子供の生活は英語が主で日本語がダメ、その他諸々の理由や惰性で、つい帰国の機会を逃していた。

開戦で、互いの国に残った外交官、商社員、研究者を中心に交換船が企てられたが、最初の船に便乗した民間人は限られていた。

一九四三年秋に企てられた第二次日米交換船に便乗して帰国した辻弘太郎からの手紙が『ニュー・カナディアン』に届いている。日本から交換地へ迎えに派遣された浅間丸。協定により、互いに民間船をチャーターし、非武装で中立国の監視員が同乗、船体の横腹に白く十字を表示した。

この第一次交換船日本から帝亜丸で一九四三年九月横浜を出港、途次大阪、上海、香港等に立ち寄り、帰国するアメリカ人たちを回収し、アフリカ南部のポルトガル領ロレンソマルケスに到着する。他方、グリップスホルム号は、ニューヨークからの日本人を乗せ、南米リオデジャネイロでさらに日本人を加えロレンソマルケスに到着、人員を交換するのだ。

日本人は千五百十七人乗船していたわけだから、二つの商船の大きさが想像できる。因みにグリップスホルム号は長さ175メートル、6570トン、乗員三百六十人、乗客一等百二十七人、二等四百八十二人、三等九百四十八人という。

そして、次の帰国の選択の機会が生まれた。やはり中立国スウェーデンを介しての交換船である。『ニュー・カナディアン』掲載の辻弘太郎の通信（手紙）は貴重な情報をカナダの日本人にもたらしたわけだ。要旨を紹介しておこう。

日本人一行の千四百余人を乗せてブラジルのリオデジャネイロをあとにモンテビデオ（ウルグアイ）向けて航走中である。船中での待遇は階級的差別なく、全部二等待遇である。ただ、あまりの長途の航海であるため、船中の手持ちぶさたや無職には少なからず閉口している。

我等カナダ組一行六十一名は（一九四三年）九月一日、ニューヨーク対岸のニュージャージーに着き、ただちにグリプスホルム号に乗船、同夜十二時抜錨、ニューヨーク港の夜景をみながらブラジルに向かった。九月十七日朝、リオデジャネイロ着、ここで百余人の日本人を乗せ、十八日出港、二十一日モンテビデオ港に入港、さらに百余人を収容、いよいよ交換地たるインドのゴアへ向かう（九月二十日、モンテビデオ入港前日、グリプスホルム船上にて。辻弘太郎）。

辻はモンテビデオが発信の最後と思ったが、航海中も郵便受付が可能だったため、インド洋の航海中、詳しく航海日誌を書き送った。以下要点である。

第二信でさらに詳細に船旅を記述している。

日本人千三百二十余人のうち、ペルーからが最大で約五百名、ほかにハワイ、中南米から八、九の国や地域からの帰国である。ハワイからなど、太平洋を西に向かえば十日もあれば帰国できるものが、東回りだと二カ月以上も費やすようだ。

ウルグアイのモンテビデオから大西洋を横断、英領南アフリカのポート・エリザベス港まで、さらに十一昼夜、辻の通信を読むと、海は穏やか、気候もよく、さながらクルーズ船の旅のようである。心配された高齢者の健康上の問題もなく、それなりに船旅を満喫されたらしい。グリップホルム号はここで燃料、水、食糧など積み込んだ。

考えてみると、不思議なことにポート・エリザベスは英領、英国とは交戦中の日本人の拘束はしなかったわけだ。中立国スウェーデンの船籍の意味があった。だから、引き取りの日本船帝亜丸（日本郵船）はゴアまでだったのだ。

船中、慰労のためさまざまな催しが提供されたが、そのひとつが各国での様子をグループごとに実施、カナダからは有賀千代吉がスピーチを行っている。有賀は元『大陸日報』の主筆。戦後、立教女学院の設立に貢献している。

乗客の手紙類の船内郵便局の窓口は十月十二日正午で閉鎖、辻はマダガスカル沖の北上中の船内で最後の通信を執筆した。乗客の手紙類はたぶんスウェーデン人の手で、ゴアで投函されたのであろう。当時ゴアは、中立国のポルトガル領だ。

日本人がゴアで帝亜丸に乗り換えてからの手紙などとんでもない話だった。当然帝亜丸には日本の官憲や軍人が乗船していたのである。

日本側の汽船に乗船したものも、途次、シンガポールに十月三十一日寄港した際軍人や軍属として降ろされ、そのまま通訳などとして現地の部隊に動員されたものもあったが、大半は十一月十四日横浜に帰港した。

帰国した日本人はどうなったか。

『ニュー・カナディアン』の一年後の一九四四年十一月十八日号は日本からの情報として、日本人のグループを「満洲国」に開拓移民として送るという記事がある。満洲開拓村に定住させるというものだ。

わたしは、学生と岐阜県の「郡上村」を長期に調査したことがある。そのとき、県内のある集落から集団で満洲開拓農民として渡満し、敗戦とともに帰国したが、のちさらにブラジルへ集団移民したという事実を知った。まさしく「難民」として生涯を振りまわされたのだ。

第13章 カズロー住民の対日本人観の変化

『クートネイアン』新聞社の貢献

カズローで『ニュー・カナディアン』新聞が順調に発行できたのは、なんといっても、地元の週刊新聞社『クートネイアン』のハード（印刷など）面での協力だが、それだけではない。ビジネス上の契約ではあるものの、日常の応待も公正、論調も公平で大変な協力であった。

北米にはこういう週刊ローカル新聞がごまんとある。やはり大都市より、地方の小都市や町で発達している。「コミュニティ・ジャーナリズム」という独自の分野を確立し、その編集者や発行人を養成することを目的とした大学の新聞学部が少なくとも五、六カ所あり、国際学会もある。

わたしも、その学会の創立間もない一九七〇年頃から会員になり、学会に報告者として何度も参加し、学会誌にも幾度か原稿を寄せた。そんなことで、友人、知人も多数できたし、各地の新聞社も足しげく訪問した。ということで、わたしの勤務校の学生の国境を越えたインターンシップをたくさん引き受けてくれた。

このインターンシップ教育、一九九三年、大学が、新学部創設に合わせて、文部省に提出して承認された。単位をともなう日本最初の正規のカリキュラムであった。

しかし、カズローに調査にでかけたとき、残念ながらこの新聞社はすでに無かった。

戦時下、日本人キャンプ群が速成されていた頃は、クートネイ湖付近は人口減少でゴーストタウンにちかい町や村が広がっていたが、十九世紀初め頃には鉱山、製材所、鉄道などが集中して繁栄していた。

現在も、木材業はこの周辺の経済を支えている。カズローに到着して、すぐわたしに情報で手助けしてくれたピーター、ストックは仕事のひとつが「やまの監視員」（レインジャー）だと自己紹介されたが、これはとても重要で誇り高きな仕事だ。なにしろ、山林の国だ。いちばんの重要な業務は山火事の予防である。それに、自然保護や住民の安全、災害防止などだろう。もとは、太平洋戦争が始まって、一九四二年、軍の指揮のもとに志願者を中心に成立した。現在はこの仕事、何種かあるようだ。カズローにはレインジャー地方支部もあるという。

さて、『クートネイアン』紙をめくると、開戦で日本人集団が、バンクーバーから強制移動されて、この町にやって来るという政府の方針が伝わった一九四二年春には、紙面をあげて疑念や反対論に溢れる。大部分の住民が日本人など、付き合ったことも、見たこともないのに、「不安だ」とか「危険だ」という市議会や住民の声一色である。世の中、いずこも「よそ者」には警戒する。

パールハーバーを電撃攻撃した日本軍部や政府と人間としての日本人とがいっしょくたなのだ。

戦争や戦闘という報道と、日本人という人間とを区別しない偏見や政策キャンペーンの結果だ。だがよく考えてみると、これは日本国内の報道、表現、偏見と同じである。白人など見たこともない日本人が各地で、敵愾心をぶちあげていたのである。

『ニュー・カナディアン』のショーヤマと梅月らは、集団移動地がスローカン・カズロー地域に決められたあと、カズローという町を選択したのには、新聞社の間借り先に『クートネイアン』社があったことは、すでにふれた。間借り契約はまったくのビジネスベースであったが、そこは互いにジャーナリスト、なにかとよしみを通じた。

新聞は週刊、四ページ建て、購読料は年2ドル、発行部数は多く見積もっても推定二千部（前述のストックのはなし）、広告料収入を加えてもきちきちだ。勿論、カズローの町以外、ひろくクートネイ谷の各地の町や村、集落に配布されていた。社長兼編集長はロイ、ファーニ、コミュニティ新聞に共通の家族経営、印刷工場の職人を除いて、家族従業員だけ。ニュースボーイ（新聞配達）のアルバイト、それで全部だったろう。だから、九月上旬の「レーバーデー」を利用したBC州内のコミュニティ新聞社の会合があるので、この期間は休刊するという社告、戦時とはいえ新聞社の規模にふさわしいユックリズムだ。

『クートネイアン』紙は、小さなカズローの町にとっても、広告、情報、ニュース源であるだけでなく、町民の誇りでもあったようだ。なにしろ、住民に不可欠のこまごまとした記事だ。

一例が「ミセス・ファーガソンがミラー・レイクの友人を訪ねていたが、月曜日帰宅、ムース・ジョウの自宅に落ち着いた」「元住民だったH・J・ロウ夫妻、現在ロスランドにいるが今週カズローに滞在」といった記事が毎週紙面を占領する。「日本人で高齢のオカナ夫人、通院中のところ死去。慰霊祭は合同教会でシミズ牧師の手で行う」と日本人の冠婚葬祭もおとさない。

北米のコミュニティ紙は、日本のミニコミ紙や選挙向けの保守政治の道具といささか違う。ほんとうに、コミュニティの情報が第一だ。町内会の回覧板というものが無いためだ。

日本人コミュニティの小さな動向や人の往来をよくも詳しく拾ったものだが、その取材源は簡単だ。『クートネイアン』新聞社の編集デスクの隣のデスクに『ニュー・カナディアン』のスタッフが仕事をしているのだ。後者を訪ねてくる日本人はひきも切らず、マチネタに困らない。新聞社といっても、間口5〜6メートルのビルだ。

ジャーナリズムの歴史が古いだけに、大層生真面目である。町創りへの情熱もある。だから、一八九六年に創刊されてから、途絶えるのを惜しむ町の有力者が次々に経営を引き受けた。それに伴い編集長も代替わりしている。ロイ、ファーミは一九四〇年十一月から引き受けていた。戦後一九五四年九月には、アラン、スタンリーに引き継いだ。

同紙は惜しむらく、一九六九年にカズローでの発行をやめた。わたしが調査に訪れた一九八〇年代には人口が千人以下に減少していたのだ。

『クートネイアン』も住民の輿論も変化

紙面を見ていると、カズロー、スローカン谷の町の記事や広告が中心。日本人キャンプが並んでいる二つの谷間が守備範囲の新聞。当初、日本人の転入に強硬に反対したのが市議会、町の保守層の牙城だ。この種の反対には、計算がある。「異邦人」流入を口実に政府から助成金等を引き出す魂胆だから、絶対反対というわけではない。

空き地にキャンプを建設するというのも地元に経済的効果を生み出すし、そこにやってくる日本人の購買力も商店は期待できる。なんやかんやで、市議会も「絶対反対」、からこまごまとした問題点や杞憂をあげることに急速に変化した。戦時で労働力不足を補うという期待もあった。

もともと、木材産業で栄えた地方だけに、日本人の相当数が山林伐採、製材、運搬などに携わっていたことは周知であった。というのも、この山林伐採などの分野は、カナダ人労働者と日本人労働者が激しく労働権を争ってきた分野だった。このため、カナダの側は、その労働組合をつうじて外国人に国有林での仕事を与えないとする州法を創り排除してきたのだ。

労資が安定すると、組合は既得権擁護にまわりやすい。

バンクーバーではこの日本人と白人の争いは、漁業、建築、商業の細かい分野で起きていたが、カズローではこれが無かったのが幸いしたかもしれない。もっとも、日本人の「サカナ好き」は知っていたから、当初はメドウ・クリークなどのメバル類やニジマス類の卵の捕獲を心配する通信も見られた。

カズローやスローカン谷の白人に安心感を与えたのは、一つに日本人たちの日常だ。一九四二年も秋になると、紙面に個々人の動向を載せるのは、すでに述べたが、対日本人に対しても同様であった。

スローカンに居を構えているアングリカン教会のナカヤマ牧師がカズローを訪問したとか、地域のゴルフ大会で梅月が好成績を残したとか、個人名が現れる。

このゴルフ大会、『クートネイアン』によると、カズロー在住の「全新聞記者」参加で一九四三年秋に開かれた。これには、日本側でウメヅキ、ショーヤマ、バンノ、白人側でファーニ、ブローウェル、ホワイトが参加している。両者がオープン・ゴルフを共催するほどになっていたのだ。

九月はまた高校を初夏に卒業していた若者たちの歓送の時期、白人の高校の行事が記事になっているが、歓送行事につきもののダンスパーティのあと、相当数の卒業生が軍務に就くべく巣立っていったとある。少年少女二人がカナダ空軍へ、別の少年は海軍に入隊決定と。

一九四三年秋はまだ戦火たけなわであり、とくにイギリスが死闘を繰り広げているインド、ビルマ（ミャンマー）方面では、カナダ軍も英連邦軍に加わって戦っていた。カナダ国内では、ジャーナリズムは戦時国債の購入キャンペーン、労動力の軍需動員に併せて、若者に軍への志願が求められていた。この軍への志願、日本人二世に重い役割が課せられてくる。後述する。

日本人コミュニティでの「傘寿」のお祝いがナルセ牧師やシミズ牧師の手で開催されたこと、など日本人の生活面や文化的特徴が記事に成りだす。いかにも日本的な「傘寿」の会は教会関係者の努力の結果だが、閉会にあたり全員で英国国歌を斉唱している。これも、日本人一世の意識なのだ。たんなる、カナダへの忠誠保険とは思えない。

カズローの住民に安心感や敬意を育んだのは、なんといっても、子供たちの態度だ。こどもたちはすぐ仲間になるし、おとなの眼にも映りやすい。

住民は、日本人の毎日を異文化、敵国人、異人種ということで、警戒、不安、興味など入り混じってじっと見ていたわけだが、次第に不安から興味、好意に変わって行った。それが人間というものだろう。

これは、『ニュー・カナディアン』の一九四四年五月の号に読者のオンタリオ州ドライデンに住む読者の西村弘からの通信だが、こう述べている。

「農園から働きにきている人々も下山して当伐木キャンプもさびしくなった。残っている日系人は八人、これもマニトバ州のシュガービート農場に帰る。当ドライデン町の週刊紙『オブザーバー』も当第三一キャンプのことを国際連盟といっているほど一九カ国の異人種の寄り集まりだ」

甜菜農業もカナダ特産のビジネス、季節性もあり、日本人は農閑期に収入をもとめて、夏の間、木材伐採キャンプに出稼ぎにゆく。これも晩市以来の生活サイクルだ。子供たちは人懐っこい。クラスや遊びでは、地元の子供たちとの接触は早い。クラス、学校も一九四二年中には勢ぞろいした。一九四三年春の新学期では「日本人公立学校、公式にオープン」といった記事が現れる。その記事がまたやたら詳しい。

それによると、「日本人収容キャンプのなかで最初の完璧な教育システムが今週、カズローのドリルホールで簡単な式典のあと開設した。古いガイガーストアビルが九クラス用の教室に改装され、およそ三〇〇人、八学年の生徒が収容される」。

このストア、『クートネイアン』新聞社と通りを挟んだ前にある。この町一番のストアだ。三人のこの地の教育行政官、ローヒード理事長、マッカーサー校長、シミズ牧師らが出席、一座の訓示を与えた。まだどのキャンプにもない完全な教育システムだと。また、二世教員全員が紹介されている。

教務主任のロイ・シミズほか、ヒデコ・ヒダカ、スエ・マツグ、ナカ・スズキ、モリー・フジタ、アヤコ・サトウ、ミス・トダ、リリー・ウエダ、ベッティ・シモハラ、マリコ・ウエダ。

このリストにはまだ阿田木あやさんは、旧姓のサトウだ。その後加わる何人かの名前はない。フルネームをみると名前（ファーストネーム）に白人社会の習慣が取り入れられている。じつは、だいたい日本人の両親は日本風の名前もつけているが、二世たち現地カナダ風がお好みだ。このガイガーストアの学校、夜間学級として高校も造られたつくられ、月謝4ドルと定められた。バンクーバーで高校を中途半端に退学した少年少女たちの救済にもなったのだ。授業料不要の教育はカナダ流に八年次までだ。

義務教育の年代には、カナダの法律にしたがってテキスト、文具が供給されたことはいうまでもない。市議会も市営のテニスコートの利用料金を再考し、通常料金がセメスター刻みであったのを日本人の子供たちのために一回刻みにして、使用料金も減額した。

『クートネイアン』の記事はカズロー住民の輿論が劇的に変化したことをしめしている。読者からの投稿、投書も日本人子弟への好意であふれる。

『クートネイアン』、『ニュー・カナディアン』両紙とも、戦時下の「日本人難民」を最大の記事源にしたのは、いうまでもなく日本人対策の全権を握っていたＢＣＳＣ（ブリティッシュ・コロンビア保安委員会）であったが、カズローにはその支局があった。それも、両紙の事務所の向かいのビル二階である。

ＢＣＳＣはＢＣ州の機関だが、カナダ政府の下部機関として日本敗戦まで、全カナダに散る日本人を対象にした。日本人は文字通り「疎開者」か「難民」のようだった。（「難民」ということばについては、検討が必要だ。）ともあれ、カズローで一息入れることができたが、ここが永住の地でも、故郷でもなかった。日本人をバンクーバーの「居場所」（リトルトウキョウと呼ばれたパウエル街）を閉じて、全カナダへ散らばす一里塚に過ぎなかった。

ＢＣＳＣの対日本人施策の進行

ＢＣＳＣは強大な権力を持っていた。

一九四三年夏、管理機関のＢＣＳＣは、マウンティン・ポリス（国家警察）を伴って、カズロー町当局を訪問し、新しい収容キャンプの住居建設の方針を伝えに来た。十万立方把（コード）もの木材に相当する日本人「難民」用の住居建設の大事業が次の冬季までに完成させるとする関係機関の承認が取れた、というお土産のニュースである。

コードという単位は北米で使われている材木の体積単位で、4フィート（33センチ×4≒1メートル29センチ）を4フィートの高さで縛った体積、129立方フィートの束だ。カナダから日本などへ輸出される時、だいたいこんな束に鉄帯で縛って船積みされる。

すでに市場で契約、搬出の手配や、新たに五台のトラックの手当て、二百五十人の建設作業員の採用も進めている、とある。

ニューデンヴァー、レモンクリーク、カズローなどのキャンプの名が関係地として挙がっている。

だが、日本人はクートネイ湖畔が永住の地として保障されているわけでも、「終の棲家」と考えているわけでもなく、「エクソドス」として東へ向かうための暫しの泊り木でしかなかった。BSCの役人やマウント・ポリスの係官は足しげく、カズローを訪れて、この地方に留まる日本人への次の措置を研究していた。

BSCは、BC州の「奥地」であるクートネイアン湖やスローカン谷に収容地やキャンプを緊急造営したが、これは、さらに奥地や東部諸州へ「散らかす」ための暫定措置に過ぎなかった。日本人も、キャンプを終の棲家になるとは思わなかった。だいいち、白人でさえ仕事が見つからず、沿岸地方の大都市に脱出していてゴーストタウンになっていたところである。ここを「暫定的」な居所だとすることはBSCSも別に隠してはいないが、だからといって万単位の人間を無理やりにロッキー越えさせて、「ばら撒く」わけにもゆかなかった。

そうかといって、東部のオンタリオ州やケベック州に同様の規模のキャンプを建設することなど出来る筈もなかった。

一世でも縁故や求人に応じて自主的に東部へ向かう者も徐々に現れていた。キャンプにいては、まったく未来がなかったからである。まず、臨時にせよ収入を確保しなければ妻子が生活できない。移動が始まって、キャンプ生活を飛ばして真っすぐ、アルバータ州やオンタリオ州に向かった少数の二世もいたことはいた。

アルバータ州のレスブリッジ、マニトバ州のウイニペグ、オンタリオ州のポート・アーサー、ハミルトンといった今日、比較的大きな日本人コミュニティができている都市は、その「再移動」の結果である。その他、名の知れない小さな町や村落にわずかずつ日本人の家系をもつ人々が今日なお、生業を続けているのも同様の移動の結果である。

わたしは、カナダの小さな町に滞在したとき、よくそんな日系の家族に出会った。二十一世紀に入った頃、わたしの学生が「海外インターンシップ」で夏休みにひと月ほど働いた町や都市のコミュニティ週刊新聞社にお礼に歩いたことがある。インターンシップで学生をカナダに毎年送っていたのである。

その一つ、アルバータ州のロッキーマウンテインハウスという妙な名前の町の週刊新聞社を訪ねたときのこと、日曜日に町民のガレージセール市場が開かれている広場で警戒にあたっている一人の自治体警察官に会った。同地の友人が彼を日本名で呼んだので「二世ですか」と英語で尋ねると、英語で「サンセイです」とのこと。戦時中に祖父母とともに、一家でこの地に来たという。

こういう家族がカナダ中に生活していて、よく出会った。ほんとうに、名も知らぬ小さな町でだ。カズローなどの日本人二世は、もちろん『ニュー・カナディアン』の日本語ページよりも、英語ページや『クートネイアン』、またこの地方の大きな都市であるネルソンの『ネルソン・デイリーニュース』に眼を通すことが多いから、カナダ政府の「再定住」政策のことは熟知していた。

カナダ政府もまた、経費全額負担で発行している『ニュー・カナディアン』に再移動の計画や決定を記事にするよう影響を駆使したり、「告示」で示したりして日本人に周知徹底を図った。新聞はカズロー周辺だけでなく、全カナダにくまなく散っている日本人の家庭に郵送されていたので、政府も日本人だけをターゲットにした、強制移動、再定住、労働力不足の農場、林業、その他のビジネスからの求人情報を届けることもできたのであった。

とくに、求人情報やそこでの労働環境、待遇などは日本人に歓迎されたことはいうまでもない。日本人移民の本質は労働移民であったから、労働条件には敏感で、日本版編集長の梅月高市が開戦前は、「日本人キャンプミル労組ローカル31」の常任幹事で、機関紙『日刊民衆』の編集長であったことから、読者は労働条件での報道役割に期待があった。

当然、『日刊民衆』のように、労働問題への記事が散見される。『ニュー・カナディアン』の一九四四年五月二十日の号は「労働組合と二世の向上」という社説を掲載した。いうまでもなく梅月の手になる。要約すると、米CIO（全米の「産業別会議」という中央機関）は、各支部あての指示で、人種差別は規約に反すること、日系人にもフェアプレイで対処すること、工業中心地では太平洋岸から移動の日本人の組合加入を歓迎すること、太平洋側の海員組合加入の日本人を大西洋側の組合に乗船させることを実施したこと、などである。

カナダの労働運動は大体において、米国のそれをコピーしていた。米国の自動車製造、鉱山、機械、化学、木材などの大資本がカナダに生産拠点を設営したことから、労働者もその影響下にあった。「国際機械工組合」「国際木材組合」などと国際の付く組合はほぼこの米国資本の影響のもとにあった。

海員だけは別で、世界中の港湾に入港して作業するので、ほんとに「国際的」だったが、こんどはイデオロギーに染まっていた。太平洋側では、当然船舶は日本に寄港する。日本人船員が乗船していても不思議はない。米国の太平洋側の船員、沖仲仕、倉庫、流通労働者はもともと日本人を含めて一つの組合に属していた。日本人や二世が多数加入していたハワイもこの「米国海員・沖仲仕組合」だ。だがカナダは事情違っていた。古いタイプの職業別組合で非白人を排除していたところがいくつもあった。

第14章

難題抱えたタシメ収容所

佐久間多重と「タシメ」収容所

タシメ収容所は、他の収容施設と幾分異なっていた。収容人員がカナダ最大で、一九四二年十月には、二千六百余人というデータがある。

新保満の記録では、多分累計かもしれないが、二千二百から三千六百のあいだを上下したとある。新保が田村、白水繁彦と三人で実施した共同研究『カナダの日本語新聞』（同名の研究書として一九九一年出版した）のなかで出てくる数字である。

新保はカナダのウオタールー大学の社会学の教授でカナダ国籍を持つ日本人でカナダの日本人研究の草分けの一人である。タシメよりやや東方にあるスローカン谷の収容所群全体では、四千八百人余だが、これは五つの小規模のキャンプの総計である。またスローカン谷はかつて白人が生活していた町や住宅地で人口減によりゴーストタウン化しかかった地域を再利用しているが、タシメ収容所はほとんど新しく建設されたもので、その上他のキャンプに比べ警備も厳しい。

佐久間の手書き三十ページの貴重な記録は前述のように多くの新しい事実を教えてくれる。

タシメ収容所については、ここに生活した佐久間多重の詳しい記録で初めて、今日、再現することが可能になった。とくに、日本人の地下新聞である。

佐久間は梅月高市の『日刊民衆』発行元の「キャンプミル労組」ユニオニストの先輩として、役職につくなど重鎮として尊敬されていた。新聞の編集幹部等にはならなかったが、実業家としての経験から財政の心配をしてくれた。また発行母体の「キャンプミル労組ローカル31」の組合長として千人余の木材関連労働者を指導しただけでなく、新聞に記事を度々執筆している。この「文才」が彼をしてタシメの全容を書き残す背景であった。

佐久間は、福島県出身で、カナダへ木材労働者として移民したが、間もなく後進の移民のためにバンクンバーのパウエル街・信夫屋旅館に関係する。カナダに到着したばかりの労働者に「ドヤ」を提供し、伐採や製材のキャンプの情報や知識を提供したり紹介することを生業とするビジネスだ。移民にとって知らぬ土地に辿りつき、生活を確立するまでの初期に絶対に必要な雨露しのぐ陣地だ。どの民族にも共通する。

仕事に就くと、私物を預かり、冬季に下山すると宿を提供する。「ドヤ」は日本の実家への賃金送金を世話し、日本からの郵便を受け取っておく、といったサービスやビジネスを展開する足場となっていた。ときに、人生の相談にのる親分肌が多い。

パウエル街のようなエスニック・コミュニティにはこのような典型的な「エスニック・ビジネ

スモデル」が生まれる。パイオニア労働者で成功した才のある人物がエスニック・モデルの雛型をつくる。そのビジネス環の要《かなめ》の役割が「旅館」(ひな型がベッド、多くは「ふとん」のシェア)である。

新来者にとって、まず寝起きする場所の確保が肝要だ。

寝起きが安定すれば、仕事探しも始まる。事業家のリクルート情報も入ってくる。働き始めると、荷物、金銭、郵便ポスト、健康、県人会、団体などの情報や人脈の後方基地も「旅館」「ドヤ」が提供する。この循環サークルのどこかが欠けてもビジネスモデルは崩れてしまう。

神野専もその「おやじさん」と呼ぶ佐久間を頼ってカナダに来た一人であり、佐久間が県人会、信夫《しのぶ》という名前からして福島県南部にある郡の名で、福島からの移民の溜まり場でもあった。

労働組合等の活動をすすめると、同県人の神野やジョン・ニヘイもそれに倣った。

神野は柔道家で、一説によると、仕込み杖など好んでいたというから、どちらかというと、古風な「国粋派」で、労働運動の理論家ではない。だが正義感も強い。身体で同じ軌道を歩む。ときにそういう人材は要る。佐久間の影響で労働運動に協力するが、根っこは日本人が白人社会から酷い目に合っているという反発の正義感であった。この「国粋派」のベースがのちタシメでは独自の動きとなる。

一方、佐久間は旅館に関係しながら、エスニック・ビジネスモデルを地にゆくように、コミュニティ内の各種事業、諸団体、有力者と接点をもつ。コネづくりだ。『日刊民衆』の財務係りを無償で引き受けただけでなく、多分私財を割いて財政的支援もし、日本人会、日本語学校などコミュニティの世話役を八方引き受けたようだ。彼がもっとも尊敬したのは、いわば「世話役左派」

の鈴木悦で後年も度々鈴木に言及した発言をしている。

佐久間はBC州内のキャンプから、タシメ、ワイノナ等を経てトロントに落ち着くが、戦後『ニュー・カナディアン』に「理想家、故鈴木悦の面影」（一九五三年二月）として何回か文章を発表している。そのなかで、鈴木は労組だけでなく日本人会の民主化に努力していた点を強調している。

どこの移住地でも同様だが日本人会は都市部の商店や官庁関係者が支配して保守的で利権や縁故がはびこりやすい。一般の日本人居住者、移民の利害からかけ離れ、ときに食い物にもされている。

鈴木や『日刊民衆』はこれを「日会改造」と呼んで民主化に努力したのだ。だから『日刊民衆』の幹部や支持者に木材労働者だけでなく、小規模の製材所経営者、伐採キャンプのボスと呼ばれる「親方」、「ドヤ」のオーナー、日本語学校の関係者、少数の商店主も入っていた。協力者に領事、書記官さえいた。

佐久間も旅館経営、旅館業組合、日本文庫と世話をしているように、エスニック集団としての日本人のために働こうとした企業家だったのだ。

また、敗戦直後の一九四九年一月の『ニュー・カナディアン』に、祖国日本が崩壊して「建国中であり、外国から物資とともに人的支援」を要していること、米加の二世は文化等で大きな役割をもつこと、同時にカナダのなかで「日加親善、カナダ国家への忠良なる市民」としてその存在が問われること、などを説いている。妥当で中庸な考えの持ち主である。

その佐久間の手になる『タシメキャンプ設立と移動一九四二年七月』という手書きの記録には、キャンプ設立から内部の生活再建、キャンプの終了までの経過が刻銘に残っている。第三者でジャーナリストの梅月に内容の補完を求めている。その草稿を梅月に送って稿閲を依頼している。その草稿がわたしの手許にある。

それだけに内容が緻密、客観的で信頼性が高い。書き上げたのは一九五四年のようだ。以下この草稿に負うところが大きい。

タシメキャンプの建設

この地にはもともとカナダ人が経営するランチ（大農場）があった。カナダ政府がこれを接収したのだ。牧畜や農場用の小屋、小さな製材所などを備えていた。ここに、キャンプ建設隊として日本人の先遣隊約二十人が送り込まれたのは一九四二年七月、当初充分な大工道具などなく苦労が多かったという。

建設にあたり、古い小さな製材所が存在したことは幸いであった。近辺の樹木を伐採した木材を製材し、家屋用材に生産し、バラックを建てるのはお手のものであった。キャンプの北側にある山岳に取水口を設けた簡易上水システムも急造し、電話回線さえも敷いている。キャンプ内の土地利用のゾーニングの決定も手早い。

住宅地区、「商店街」、管理棟・スーパー・幼稚園・車庫・公共食堂・郵便局・診療所・選択所・

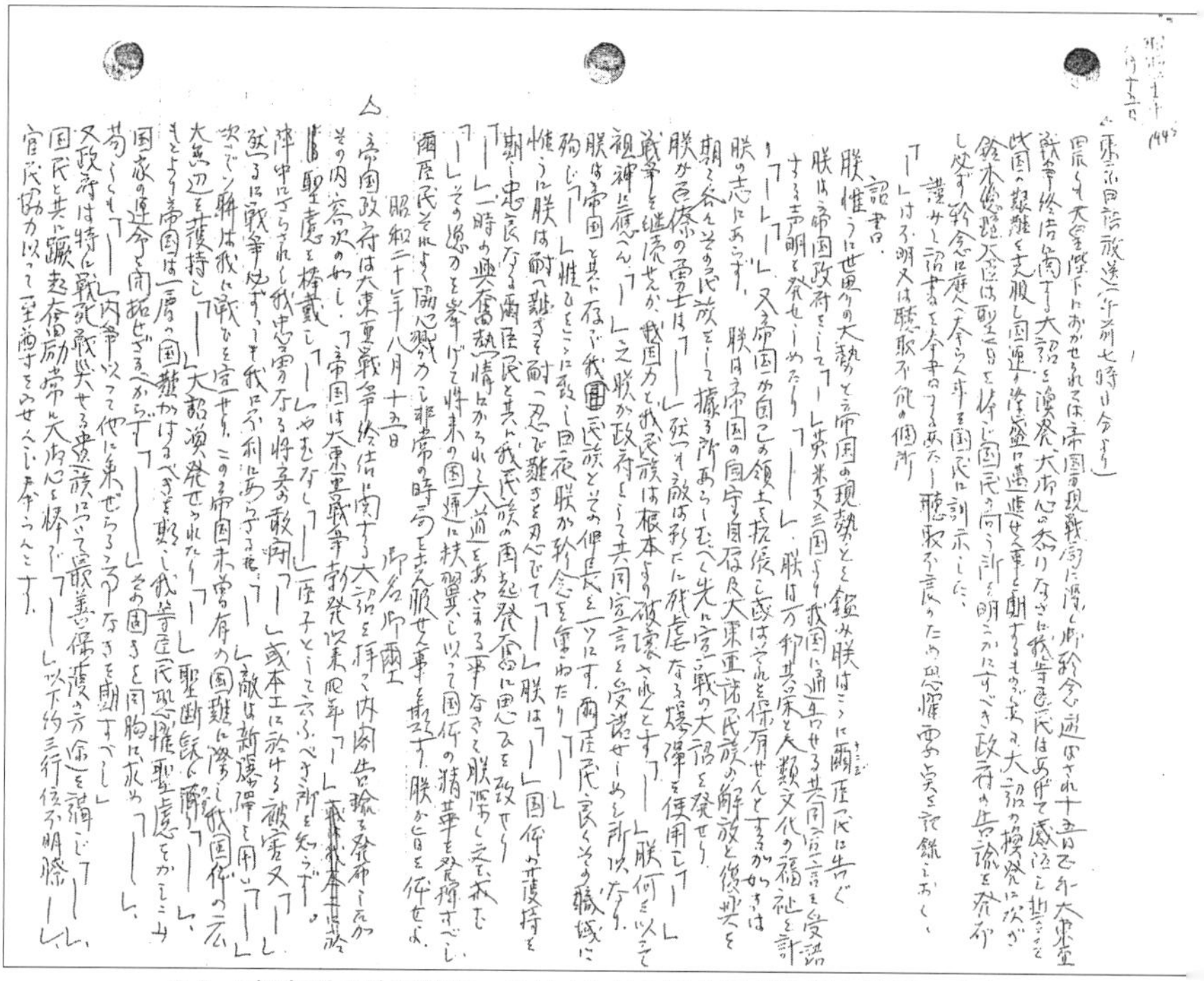
昭和二十年
八月十五日
1945
（東京日語放送 午前七時〇分より）
畏くも天皇陛下におかせられては帝国の現戦局に深く御軫念遊ばされ十五日正午大東亜戦争終結に関する大詔を渙発大御心の在りなさに我等臣民はあげて感泣し其々て此国の艱難を克服し国運の隆盛に邁進せん事を期するものだ。又大詔の換発に次いで鈴木総理大臣は聖旨を体し国民の向う所を明らかにすべき政府の告諭を発布し必ず軫念に應へ奉らん事を国民に訓示した。
謹みて詔書を奉ずるに茲に一部聴取不良のため恐懼至らず謹記しおく。
「ーレ」は不明又は聴取不能の個所
詔書
朕惟うに世界の大勢と帝国の現勢とに鑑み朕はここに爾臣民に告ぐ
朕は帝国政府をして「ーレ」英米支三国より我国に通告せる共同宣言を受諾する声明を発せしめたり「ーーレ」朕は万邦共栄と人類文化の福祉を計り「ーレ」「ーレ」又帝国の自己の領土を抗侵し或はそれを保有せんとするが如きは朕の志にあらず。朕は帝国の自存及大東亜諸民族の解放と復興を期し各々その民族をして據る所あらしむべく先に宣戦の大詔を発せり。
朕が臣僚の勇士は「ーーレ」然るに敵は新たに残虐なる爆弾を使用して「ーレ」朕何を以て戦争を継続せんか。我国力と我民族は根本より破壊されんとす「ーーレ」朕何を以て祖神に應へん「ーレ」之朕が政府をして共同宣言を受諾せしめし所以なり。
朕は帝国と共に存する我国民族とその伸長を一つにす。爾臣民良くその職域に殉じ「ーレ」惟ふに之に致し日夜朕が軫念を禁ねたり「ーーレ」
惟うに朕は耐へ難きを耐へ忍び難きを忍びて「ーーレ」朕は「ーーレ」国体の護持を期し忠良なる爾臣民と共に我民族の再起発展に思ひを致せり
「ーーレ」一時の興奮熱情にかられて大道をあやまる事なきこと朕深く之を戒む
「ーレ」その総力を挙げて将来の国運に扶翼し以って国体の精華を発揮すべし
爾臣民それよく協心戮力して非常の時局に克く服せん事を期す。朕が旨を体せよ。
昭和二十年八月十五日
御名御璽
△
帝国政府は大東亜戦争終結に関する大詔を拝して内閣告諭を発布したが
その内容次の如し。「帝国は大東亜戦争勃発以来既に四年「ーレ」本土に於ては
聖慮を捧戴して「ーレ」やむなし「ーレ」臣子として云ふべき所を知らず。
陣中にさらされし我忠勇なる将兵の敢闘「ーーレ」或本土に於ける被害又「ーーレ」
敵は新爆弾を用いて「ーーレ」次いでソ聯は我に戦ひを宣せり。この帝国未曾有の国難に際し我国体の云
大局辺を護持し「ーーーレ」大詔渙発せられたり「ーレ」聖断既に下り「ーーレ」
もとより帝国は一層の国難かけるべきを照らし我等臣民恐懼聖慮をかしこみ
国家の進命を開拓せざるべからず「ーーーレ」その国を同胞に求め「ーーレ」
苟くも「ーーレ」内争以って他に乗ぜらるる事なきを期すべし「レ」
又政府は特に戦死戦災せる遺族について最善保護の方途を講じて「ーーレ」
国民と共に蹶起奮励常に大御心を体して「ーーレ」以下約三行位不明瞭「ーーレレ」
官民協力以って至誠すをみせへし奉らんとす。

タシメ収容所の地下新聞。8月15日の天皇詔勅放送を傍受。手書き複写で所内に回覧。異本がある。（出所：収容されていた日本人）

発電所・消防警備所・娯楽ハウスといったインフラゾーン、牧畜・醤油製造所・養鶏所・野菜畑などの食料生産エリア等々のゾーニングで、都市計画の専門家が設計した町創りに負けないアイデアである。

住宅地区も世帯向き、単身者、寡婦など事情のある人ごとにグループわけしている。草花の温室、理髪店、美容院、工作所、共同風呂まであるのには、恐れ入る。日本人の自治、自活、デベロッパー能力を充分に発現したのだ。

ここの日本人が「タシメ村」と看板を出したほど整備されたキャンプに、その進展が『ニュー・カナディアン』などで報じられるとBC州各地に一時抑留されたり、道路建設

キャンプに動員されていた人たちが、完成に応じて次々と入居してきたりした。多くはここではらばらの家族の再結合が実現したのだ。佐久間も、神野も、モリツグも、その再結合の家族の結果だ。

日本人用の住宅地区には一戸建てで短期間に約三百戸が急造されたのだから、戦時とはいえカナダ政府も、労働者たちも全力を尽くしたといえる。

この一戸建ては収容所のなかの東部につくられ、その五列ごとに共同風呂も完備された。住民のなかには一列目を「1丁目」「1街」などと称したらしい。

これとは別に、夫婦者や寡婦向けに木造の長屋二棟が建てられたが、その用材は「15マイルキャンプ」などからはこんだものだ。このキャンプ名、妙な名前だが、各地にバンクーヴァーなどの拠点町からの距離におうじて、「50マイルハウス」、「70マイルハウス」、「108マイルハウス」という名前の「町」がたくさんある。「15マイルキャンプ」も戦時の道路建設キャンプとしてつけたもの。工事が完了して日本人労働者が移動すると、町の名も、宿舎も消えて行くというわけだ。

資材の手配、運搬もたいへんだったが、住居が完成したあとの入居がまた大混雑だった。カナダ政府管理機関のBCSCはデザイン、工事、入居など「委員会」と称する日本人の自治に任せていたが、混雑の整理は一苦労であったようだ。例えばこうだ。

タシメで百戸完成したので、バンクーバーへ八十人ほど送るようにと連絡すると、いつも二倍の人員が到着する。ヘイスティング・パークの旧万博会場のイベント用の大きなホールにすし詰めにされて生活していた日本人家族は大急ぎで転居を申請したのだ。何百もの簡易ベッドが並んでいるだけでプライバシーもなにもなかったのだから。

やむを得ず、到着した収容人員の何倍もの集団を追い返すわけにもいかずテント張りを急造して臨時に収容したのである。

佐久間はその時の概要を書いている。

入居待ちの同胞のため、一日八時間を十時間労働にして材料のある限り努力すること、ハウスかテントに割り当てられた家族と「苦しみをわかちあう」と委員会で決意し「その努力は意気衝天の概があった、運搬されてくるランバーは吾がちに取ってバラックだてのハウスとはいえ一日に一棟を造り上げたという空前絶後の努力をはらった」と。

この気概で、電話回線もホープから、タシメまで14マイルの区間、「山間雪を踏んで、樹林に攀じ登ってワイヤを張る」という難工事をやりとげた。これで、外界と接続していて孤立していないという安心感を住民に与えた。

逆に水道工事では、キャンプの裏手の山岳二カ所で取水し、「約五尺ほどの地下に水管を埋めて四戸に一個の共同水線を設け、下水はハウスの裏側に流し込む」という工事だったが、気温が零下以下になると地面が凍結し焚火をたいて解凍して作業をした。

電力ではさらに困難であった。電力が不十分で電燈はオフィス、ストア、病院などに設置、他はランプでしのいだ。ランプや石油は各戸に配布された。一事が万事、インフラ、生活物資、疾病対策、教育、娯楽とすべてゼロから造り上げた。

これらを、日本人は結束して、それぞれの才、経験、創意、研究で造り上げたことは、日本人に限りない自信となった。インフラだけでなく、道路に向かい合う三十所帯で「組」とした。日本の「隣組」だ。

違うのは、道路を挟んで地番を付け「むかいあう」という点だ。日本では背中合わせで番地を振ってゆき「組」をつくるが、北米を初め西洋では、道路に向かい合わせにする。自然、入口と入口の人の交流（コミュニケーション）が付き合いの基本だ。

町造り、コミュニティ創り、その運営・自治の訓練をしたのである。パウエル街時代ではかなわぬ経験であった。これから、見知らぬ大地で生きてゆくべく力の源泉になったのである。

「タシメ村」の人々の間に断層の気配

タシメで日常が取り戻されると、住民として結束している半面、日本人として「村民」のなかにある大きな変化が生まれた。これは、村を建設したという自負から「日本人」としてのナショナリズムが頭をもたげ始めたのである。佐久間の記録に重要な記述がある。

「社会と隔離生活を行っていると、自然に思想のうえにも退化してくる。戦時にあっては一層著しい。社会の情勢に触れることが出来ず、日本の勝利を期待して一歩も譲らない村民たちが文化の利器を取り上げられている中にも、秘密に所有していたラジオのあるところに密集して日本から詭弁的放送を聞いて楽しんでいた。これがニュースとなって村民一般に報道されている。しかし日本の戦争に対して、多少疑惑を抱いているものもあった。それがブラジルほどにないにせよ摩擦を起こしていた（一部略）」

戦時下の日本語放送を一台のラジオをタシメの「村はずれ」にあった消防小屋（ファイアータワー）に夜こっそり集まって傍受していたグループが生まれた。ラジオ受信機は夜の楽しみとして密かに徐々に増えていった。

もともと、日本からの短波放送が始まると、祖国の四季、大相撲や芸能界の様子、政治や外交を伝える内容に一世たちは競って短波受信機を購入していた。収容所に入って外界とのコミュニケーションが断ち切られ、不安のみ増す状況では、ラジオ受信機を没収されて、英語もろくすっぽ分からないなか、誰かが隠し持っていた受信機に集まるのは人情である。この動きはタシメ収容所に限らない。

さらには、その放送内容を筆写し、それをまた書き写して日本人のあいだに回覧させたのだ。収容所の「地下回覧新聞」である。（前掲）

この回覧の効果は非常に大きかった。

戦時下の収容所で日本人の地下新聞は各地で実在した。著名なのは、アメリカのポストン収容所やブラジルの日本人の「新聞」だ。日本からの放送を秘密裏のうちに傍受してそれを筆記、コピーを日本人のあいだに配布、戦争で日本軍は米英連合軍を各地で打ち破っているという大本営の発表を鵜呑みしていわゆる「勝ち組」の発生となった。

これは、まさしく日本軍の狙い通りの効果であった。「敵」の後方を攪乱するプロパガンダの目的のようになった。この結果、ブラジルでは日本人のなかに「勝ち組」「負け組」の対立を生み、両者のあいだで死者も出す争闘に発展している。戦時のデマ宣伝は敵方へ影響を与えるだけではないのだ。日本国内ではそのデマ宣伝で国民を戦争にひきこんでいた。

アメリカでもマンザナー収容所をはじめ各地に日本人のあいだで対立が生まれたが、なかでもアリゾナ州ポストン収容所での日本語放送とその「地下新聞」の効果については実証的に分析したことがある。

わたしが在米研究中にこの「ポストン収容所地下新聞」の一九四四年から一九四五年九月、すなわち戦争終結の翌月分までの現物を入手した。これは『ポストン収容所の地下新聞』（芙蓉書房出版、二〇〇九年）としてその全部を復刻したが、地下新聞であるから題名があるわけではない。当局に押収されることなく、この期間のほぼ全号と想定される「新聞」が残存していたことは驚きである。この日本語傍受、文字起こし、「印刷」、配布、保存に関わった何十人かの日本人「新聞社員」がその危険な行為に参加し、秘密を守り通した勇気と団結には舌を巻くばかりである。

この「新聞」の影響は実際大きく、わたしの知る限り、「社員」実名の特定は難しいし、意味がないことだ。特定化の仕事もしたくない。

アメリカでは収容所側も収容所内の風通しをよくするため、各収容所に「官許」所内新聞の発行を許し、小さな新聞社が生まれ人件費、印刷コスト等に資金の助成を行った。こちらは、それぞれ公式の題名をもったミメオ印刷の新聞が発行された。このため、米当局によって、ほぼ全部の収容所内新聞が保存されていて日米の研究者によってそれらの研究が進められてきた。

その一つアーカンソー州東南部にあったローワー収容所に収容され、『アウトポスト』新聞などの編集に参加した二世のバリー・サイキと田村、白水繁彦で一九八二年、同紙の共同研究と分析を実施したことがある（『東京経済大学・人文自然科学論集』六十二号に「アメリカ戦時収容所の新聞」として発表）。

サイキはのちジャーナリストになったが、米国の収容所新聞に携わった二世で同様の道をその後歩んだ人は多い。カナダではそのケースはない。公式の収容所新聞が見られなかったからだ。『ニュー・カナディアン』の位置は、それに近い。それにも関わらず、ポストン収容所では題名のない秘密出版がカーボンで複写された地下新聞が日本人に影響を及ぼし「愛国的」な集団を生んだのである。当然、親「アメリカ的」なグループとのあいだには激しい対立、闘争が生まれた。

カナダではタシメ収容所以外、この「地下新聞」の動きは把握されていない。

タシメの「愛国的」地下新聞

タシメ収容所は米国のポストン収容所に比べて、小さかったこともあり、またカナダ政府の官憲が直接介入する事件も聞かないので、そのプロセスがある程度解明できる。また、戦後がずいぶん遠くなった二十世紀の末、そのメンバーのひとりとインタビューに成功した。

日本語放送の傍受の実務の一部は、夜、ファイアータワー小屋に一世がこっそり集まって行われた。住宅部分でも行われたようだ。山間にあるタシメでは、この消防小屋が位置的に短波の受信に適していた。また、仕事もあり、監視の眼をくぐって昼間から集まることもできない。

傍受した内容はペンで筆耕、整理した。それをまた筆写複製して密に「村内」を回覧した。残存する「複製新聞」の文字を見ると、明らかに複数の日本人の手を経ている。回覧中に読んだ読者が、必要と感じた場合、さらに彼の手で手書き複製された。

したがって、何人の日本人が最終的に読んだかはつまびらかでないが一定の影響が後日、明らかになる。わたしの手元にある「地下新聞」は一九四三年から一九四五年八月の日本敗戦までのものである。

この「地下新聞」、わたしの所有しているものも不完全である。完全なコピーはどこにもないかもしれない。関係者がばらばらに所有しているようだ。

日本は主としてNHKの施設、人材、電波を使い短波による対外放送を早くからスタートさせている。日本側では、池田徳真の『日の丸アワー』(一九七九年)、北山節郎『ピース・トーク』(一九九六年)、山本武利『ブラック・プロパガンダ』(二〇〇二年)等、数多い研究が発表されている。これらの「謀略放送」は各国同様で、米国も日本語の対外放送を早期に実施している。

ところが、一般の日本人には届いたのは皆無といってよい。それは、前述のように日本国内では短波放送を傍受できる短波無線機の所有が制限され、一般には所持を禁止されていたからだ。傍受自体が罰則の対象だ。

国民は「並四」「高一」という種類のラジオ受信機しか所持することをゆるされていなかった。「並四」というのは真空管四個を設置し、チューナー（バリコン）はＮＨＫの中波ラジオ第一放送と、第二放送しか受信出来ないように固定されていた。実際問題、これ以外を傍受することは不可能であった。

そこが、カナダ等の国との違いである。カナダ政府は開戦。収容と同時に日本人のラジオ受信機、カメラなどを押収したが、器用な一世はすぐ部品を組み立てた。だいいち、通信販売でも入手できた。のちに、戦時下でも、所有者の要求によって返還されたケースもある。カメラも押収されたはずなのに、今日無数のキャンプ内の日常を撮った写真が残されている。秘密の日本からの放送の傍受記録が残っていても不思議ではない。

当初、祖国の日本語放送を楽しみに少人数が傍受していたようだ。ニュースには当然、戦況もはいる。クチコミで聴いた日本人がその重要性から複写による拡散を求めたようだ。そこで、阿部美丸らの作業がはじまる。通常のペンで手書きして複製するのだ。手書き複製の過程で文章に脱落が生じて、異本ができるのも日本の中世以来の写本と同じ事情だ。もっとも、文章、単語の脱落だけでなく、オリジナルに聴き落としがあると、書き手が訂正したり加筆したりもあったとか。

「地下新聞」は当初、日本語放送を傍受していたが、戦況が日本に厳しく、不利になるに従い、三十分ていどの日本語放送では情報量が絶対的に不足してくる。そこで日本からの英語放送も傍受、日本語訳にして配布してくる。ことに、満洲へのソ連軍の侵入は一大事であった。一部を紹介しよう。

「八月一〇日。

東京英語放送による。

大日本政府は八月一〇日スエーデン政府及びスイス政府に次の声明を傳達し、支ソ、各政府に傳達依頼せり。以下大略〝我が天皇陛下は現時局を平和により停止されたい思召しにより帝国政府は平和交渉に関し予て、此平和により我国の厳然たる国体＝皇室中心国家が持続するに於いては一九四五年七月二六日付ポツダム共同宣言を発表せる英米交戦国となれりソ連各政府との間に協議する用意あり。

八月一一日

満ソ国境東部正面に於けるソ軍はムンコー河下流イッヒン河口に進出し、付近に於いて我軍と激戦を展開している、又琿春方面に於いては九日夕、全面に到達したソ軍に対し我軍はトーメ付近にて戦闘を交へスイフン河に進出したソ軍は国境スイフン河駅を包囲し一〇日以降は（中略）飛行機は引続き少数機を以て北満北鮮に散発的に来襲している」

この「地下新聞」を注意深くよんでみると、意外なことが見えてくる。当初、東京からの「大本営発表」が中心であった。それも数日分をまとめて綴じてある。手許に一九四三年十月十四日から三十一日までの分として三、四頁の放送内容が収録されている。たとえば、「一〇月一八日、（ハノイ発）在支米空軍は一六日早朝北仏印パイポンに来襲し、我が地上砲火に阻まれて付近に盲爆をなし、我方に損害なし」とある。これで判るのはハイホンに米軍の空襲があったということぐらい。大本営発表である。

ところが、敗戦も間近い一九四五年夏ころになると、「地下新聞」の様子ががらりと変わる。どういうことかと云うと、収録する記事の量が圧倒的に増大し、ほぼ日刊体制である。「編集体制」が比較にならぬほど強化されたのである。ラジオ傍受の人員、編集・発行・配布する陣容の拡張である。読者も日本軍の不利、敗走、非力を隠しようにならなくなり、このことがラジオ傍受を東京放送の日本語だけでなく英語でも傍受する必要に迫られたのであった。

それだけではない。八月九日の新聞では「記者曰く・ソ聯政府の対日本宣戦布告の公文大要は左の如し」として、ここに至る日ソ間の交渉をくわしく報じている。こうなると、日本の大本営のたんなる代弁でなく、独立したメディアとしての編集体制にちかい。タシメ収容所には、発行停止以前の晩市の日本語新聞の記者たちもいたのである。

文字は漢字、送り仮名等いずれも、旧文体である。なお、引用した部分にも不明箇所が多く、鉛筆等での複製過程で失われたものとおもわれるが、ポツダム宣言での交渉意向など日本国内向けのものと異なる。

この「地下ニュース」の配布により、タシメ収容所内の日本人の間に、一世対二世の間の深刻な亀裂が広がることになる。二世は、初めから、東京からのラジオ放送の内容を信じていなかったからだ。

第15章　日本人は、どう「社会移動」に成功したか

日本人の国外追放の策動始まる

二世や梅月たち日本人一世のなかの知識層が「民主委員会」を発足させたのは先見の明があった。戦後の日本人追放という一種の「ジエノサイド（抹殺）」がＷＡＳＰの保守層や政治家たちから提起され始めたからである。ＷＡＳＰというのは、アメリカ的にいえば、支配的白人層のことだ。

カナダも実質的には、多様な「エスニック・グループ（民族集団）」から、すでになっていた。ところが、カナダはコモンウェルス（英連邦）の一部で、ＢＣ州はことに「イギリスのコロンビア」という意識は強い。排斥口実に、信仰の違いをあげる白人グループが、今日なおも存在するのは周知のことだ。どこの国も変化を認めない頑迷な人々はいる。ことに社会の利権、既得権を守ろうという人々だ。トロントの英字新聞『グローブ＆メイル』の一九四四年十月の号など

日本人の信仰を「偽善」だとかなりひどく書いている。同紙はスキャンダル新聞ではないのにだ。いずれ論調は変化するのだが。

戦時、とくに宗教的に非キリスト教へは寛容でない。これもＷＡＳＰの根底に流れている優越感情と警戒感である。『グローブ&メイル』紙など発行部数も多い中庸な日刊新聞なので、ある程度多様な市民の空気を反映している。しかし、週刊紙は違う。地方の小都市や町の週刊紙はコミュニティ・ジャーナリズムとして部数こそ少ないが、そこのコミュニティの支配層の利害を汲みとっている。ひどく時代遅れで、保守的なものもあれば、リベラルのものもある。この点、日本のコミュニティペーパーも同じだ。リベラルになるのは、日本人に対して良き近隣として対応してゆく『クートネイアン』紙など一例だ。戦時、お隣の米国シアトルで、日本人強制に「憲法違反」だと反対し続けた週刊新聞『ベイブリッジ・レビュー』は映画になった。

『クートネイアン』の編集者は日本人がカズローに到着する前は、カズロー議会や町の有力者の日本人排斥の空気を伝えたが、互いに近隣に住むようになってからは、他の市民同様に差別なく付き合うようになった。コミュニティ新聞はオタワ（国政の中心地）の動静などどうでもよいわけだ。

ところが、ＢＣ州の日本人と付き合いの少なかった週刊紙は地域の「保守的政論ジャーナリズム」だ。それが新聞のレーゾンデテールでもある。ここにＢＣ州のアメリカ国境沿いにある人口二千人程度の小さな町グランド・フォークスの週刊紙『ガゼット』一九四四年六月八日号がある。連続した社説で「われわれの少数者（マイノリティ）問題」を論じて「ドッホボールとジャップ」にペンを向ける。

ドッホボール教徒の教義はよく分からないが、ロシアやグルジア（ジョージア）の支配的宗教であるオーソドックス（ロシア正教）や社会体制と激突。苦難な旅のあとジョージアのバツム港から何度かにわたり出港。カナダに新天地を求めて移民してきていた。宗教的少数派の新天地への旅はえてして苦難に満ちている。

ドッホボールという南ロシアに興った「異端」の教徒で、カナダ西部に移動してきた。欧州大陸からは、メノナイト、ハタライト、ルター派、その他多数の「異端」のマイノリティが、聖域を求めて、アメリカ大陸に渡って来た。トーマス・ハリスの新興宗教運動もスウェーデンからアメリカに渡って来た。この運動、サンフランシスコ郊外に根を下ろし日本人の幕臣新井奥邃の信仰や人生観を変革させ、日本にも影響を与えている。

思想運動というのはこのように強靭なものなのだ。米国創建の源流のピューリタニズムだって、そうであった。ところが、一度、この地に根を下ろすと、他の宗派や少数者に警戒的になる。ドッホボール教徒は教会の権威主義や世俗的なものを認めず、納税、兵役、公務など拒否する。メノナイトやハタライトにちかい。これでは、ホスト社会のカナダでも摩擦続きとなる。カナダ政府は彼らを隔離し救済するため、特別の地所を提供することになる。

広大な大地に恵まれた大陸では「ホームステッド」と呼ばれる土地政策がある。一定の条件、例えば三年間開拓、農耕に励めば、安価または無償で耕作者に土地を与える。

先の新聞『ガゼット』の発行元のグランド・フォークスの町もその一つ。同町のハーディ・マウンティンに16・9エーカーの土地を与えて「マクロトフ・ドッホボール・ヴィレイジ」の設営を認め、歴史的な村として今日に至っている。

この他は、隣のサスカチュアン州アラン村という人口数百人の村にある「ボスネセシア」集落が知られている。当時のカナダにとって懸案のマイノリティだったのかもしれない。

一九四四年当時、ドッホボール教徒と日本人を同列において「処理」しようという乱暴な議論をしているわけだ。

梅月ら『ニュー・カナディアン』のスタッフは、こうしたホスト社会であるカナダ全体の動向、輿論、政治に常に触覚を働かせていなければならない。古典的なジャーナリズム論でいえば、「新聞の監視機能」である。

日本人の「忠誠度の識別」始まる

政府は戦後の日本人の「処理」の在り方を探っていた。メディアや議会、行政の動きは、これと軌を一にしたものだった。

「処分」の一つは、押収した日本人の財産の強制処分、すなわちオークションによる販売などだ。戦争とはいえ、外国人の財産を売り払ってしまうという野蛮な行動で、戦争後、日本人への補償は行われたが、カナダの良心は恥ずかしく思ったに相違ない。

「忠誠心」調査と日本への強制追放の布石

一九四四年八月、政府は日本人のカナダへの「忠誠心」を調査することを決定した。「識別」して、「忠誠心」のない者を日本へ強制送還するための布石であった。翌年、十六歳以上の日本に出自があるすべての「日系人」を対象に「戦後日本へゆくか、カナダに留まるか」という質問をつきつけた。

これは、簡単な質問のようだが、二者択一自体がかなり乱暴で、回答する側の感情、仕事や家庭事情、その他の付帯条件など全く配慮しない、無視したものであった。これらを元に、当初一万人余が日本へ送られること、という話になった。その後、内容があまりにひどいので、抗議活動が生まれ、結局「有志」という条件で三千九百名人が、戦後一九四六年五月からの船で順次、日本へ送還されるが、これはさらに後の話。そして、その多くが、再びカナダへ戻ってくる。

さて、一九四四年のカズローに話しを戻そう。

カズローの日本人も三、四年を経て、ここを墳墓の地、永住の町と考えていたわけではないが、一応落ち着いて生活はしていた。

タシメ収容所と違うのは、居住日本人のあいだに「愛国派」と「親カナダ」派との目立った対立がなく、また極端なホスト社会対決型の集団も家族も見当たらなかったことだ。それにはなにより『ニュー・カナディアン』のスタッフが家族とともに、町に住み普通の生活を広げていたこともある。

『ニュー・カナディアン』はそれなりに、安定していた。編集室と印刷施設を商業ベースとはいえ、提供していた『クートネイアン』紙の絶大な協力なくして考えられない。

戦後、『ニュー・カナディアン』自身が、その歴史を完成させるために関係者にアンケートを行った。英文欄の関係者、したがって二世が中心だが。それによると、同紙で働いた二世は以下のように記録されている（梅月高市のような一世は名をあげていない）。

トム・ショーヤマ
フランク・モリッグ
マーガレット・リオンズ
ロイ・イトー
ノジ・ムラセ
ハロルド・ツカネ・マエダ
ジュンジ・イケノ
キャセイ・オーヤマ
マージ・ウメヅキ

これらの「社員」が同一時期に狭い編集室で働いたわけではない。カズローに居た三年余のあいだに順番に務めたのである。一部はカズローの次の移動地となったウィニペグで合流したようだ。

そのスタッフの若き時代の一九四三年、カズローでの貴重な集合写真が残っている。創刊五十周年を記念して一九九二年に発行された記念の資料に掲載されたものだ。

この臨時の記念号のなかで、『ニュー・カナディアン』は「日系カナダ人のライフライン」として、その「ディアスポラ」時を共に過ごした、という感動的なコメントをしている。精神的なインフラだったのだ。

カズロー時代の「ニュー・カナディアン」スタッフ。右上が梅月、その左がショーヤマ。イケノがその前にいる。（梅月コレクション）

軍務、進学、転職などで先輩がカズローを去るとその穴埋めに新スタッフが「入社」する。M・ウメヅキはむろん梅月の娘だから、アルバイトのようなもの。このリストのうち、ショーヤマ、モリツグ、イトーの三人は第二次大戦末期にカナダ軍の軍務についている。J・イケノは三十歳になったばかり、彼はのちトロントに近い郊外で二〇一六年、九十四歳まで生を全うした。

K・オーヤマはウィニペグ時代の『ニュー・カナディアン』の英文欄の中心記者で、のち日本人エスニック・グループ全体のリーダーになる。

戦時下。それでも日常はある

一九四三年頃の『クートネイアン』紙をめくっていると、戦時下のカナダ市民の日常が分かるが、日本人の生活も映っている。

物資の豊かなカナダでも、戦時となれば物資統制は広がる。BC州では二十数カ所の各種鉱山が国有化され、休業中の鉱山が再開・発掘が始まる。生活物資も配給になる。軍務のほか、日本でもみられた労働力の強制的な動員（日本でいう徴傭制）、戦時国債の購入運動、民間や家庭にある軍需物資の供出、赤十字への寄付金募集、軍のために燃料の節約、傷病兵のための献血、など。

これらが、毎週、紙面を飾るが、よく読んでみるとカズローの日本人も巻き込んでいる。カナダ市民は今や隣人である。学校、キリスト教会、商店、コミュニティを通じて、これら戦争動員に無関心ではいられないわけだ。

さて、『ニュー・カナディアン』の一九四四年度の紙面をめくってみると、日本人の静かな生活ぶりが溢れている。

カズローの隣町スローカン谷に住んでいる山本倫由《みちよし》の個人の日常についての長い投稿がある。山本は松山で育った歌人で日本人に和歌作成の教育をした。収容先で多数の短歌がのこされ、それがまたキャンプの生活や日本人の考えを反映して貴重な記録となっている。山本は鈴木悦以来の『日刊民衆』幹部で梅月高市の親友だ。

山本の寄稿によると、山本が一九四二年十一月、ブルーリバーの道路キャンプが終了して、すでに家族が先にバンクーバーから到着していたスローカン谷に移動、合流した。二人の娘のうち長女はアルバータ州ラモントの看護婦学校に寄宿、息子はストアで仕事に就いていた。

その仕事、同僚の日本人がパウエル街では、大店の旦那と、年配の事務職員で、ここで平等に扱われているのだ。実業家などに混ざって働く息子を見てその成長に驚いている。長女の成長にも感心している。

山本は、ひとときの家族団欒を過ごしたのち、子供たちは学業や仕事で離れ、再び夫婦だけになり、彼も病院の職員として再就職する。どこの家庭も同様。問題は一世である両親の歩みとは別に、カナダ中の日本人の二世がカナダ社会で雄々しく育っているということ。山本は戦時の日本人の収容とカナダに広くばら撒く政策にもともと楽観的であった。この拡散施策のなかで日本人は全カナダに大きく伸びて行くと予言していた。

そして「別の世界に精神を磨いている二世娘たちの美しい未来を発見した。かれらの溌剌たる姿にカナダ日本人の歴史に足跡をのこす」と結んでいる。

日本語ページの梅月編集長は、各地からの通信をまとめてこんな記事を書いている。子供たちの成長と学習、ことに日常のマナーや言葉である。挨拶もヤンキー式に「ヘーイ！　ヤマダ」、「ハイヤー！　タロー」とか、マニトバでは、訛りの強いフランス語になり、アルバータではハンガリアンのアクセント、北方の山林地帯ではユーゴスラビアンの言葉を覚える、というのだ。カズロー付近ではロシア語の影響があるとのこと。これは日本語の混乱と考えるべきか、環境に順応する多様化と捉えるべきか、は難しい。日本国内でも方言や「若者単語」はいくらでもある。日本人をばらばらに移動させる政策の結果だが、この「ばらばら」にすることもマイナス効果だけだろうか。職業、職場、階層、所属集団にも及んでいるのだ。これらを総じて「広義の社会移動」というが、内容は地域移動、社会移動なのだが、全体としての階梯的移動、拡散移動、各種「同化」や「適応」、通婚圏の拡大、意識改革、生活革新、新しいエスニック集団の創出など広範な社会変動が考えられる。個人にとっては、転向、学習、飛躍である。

先の梅月が記事にした二世、三世の言語への影響はエスニシティの変化が明らかに兆候が見られるわけだが、これは一九四三、四年という戦時下で、論じるのはまだ早すぎる。エスニシティの定義は簡単ではないが、父祖の出自の言語の保持も重要な充分条件である。

とするならば、日本語をどう維持するべきか、べつのホスト社会の言語と完全に取り替わった場合、「日本人」という定義はかわってくるはずである。ホスト社会に生活して日本語をいつまでも第一言語にしておく必要の可非も問われてくる。この点、中国の少数民族、日本の「在日」の子孫、アメリカの日本人以外の例ですでに見られる。複雑な興味深いテーマだ。

戦時での上昇社会移動の事例、学歴と専門職

開戦以来の日本人の移動で多くの社会変化をもたらしてきたが、そのうち学歴や職業上にみる社会的な階梯上昇移動を取り上げてみたい。

先の山本倫由の通信にもみられるように、娘は看護婦学校に入学している。これはバンクーバー時代、考えられないことだった。看護婦という専門職業への登竜門であり、日本人が歩むのには簡単ではなかった。若い二世や三世には、この教育と専門職業での上昇気流に乗ることが約束できたが、高齢の二世や一世にとって入試からして難関であった。『ニュー・カナディアン』もそれを、強く心配している。

同紙の一九四四年秋の号ではカナダ政府労働省の日本人労働調査の結果が公表され、長文の分析を実施している。二世のなかでも「帰加二世」といわれる一時日本へ送られて日本の教育を若干受けた者に「中途半端」の恨みがあるし、高年の一世にいたっては職業・職種転換が難しいのが実情であった。

梅月は書いている。

一九四三年一月以来、カナダ政府の負担を減らすこともあって、働く能力のある者を散在させて自活させるだけでなく、カナダの重要産業の人力要求に応ずる施策を行ってきた。そのため、薪切り、鉄道用やフエンス・ポスト用の材木、農業、漁業、玩具向けの木工、ドレスメーキングと、軍需、民需などなんでも仕事を開拓したようだ。ことに、緊急に多人数の男子労働力を必要としたハイウェイ完成工事など、当面の軍用・産業用に向けたものだが、将来的に観光用として役立つことになる、と梅月は述べている。今日、この予測が正しかったようになっている。また婦人、高齢者向けの仕事も開拓された。

この一連の「失業対策事業」で、日本人に多彩な業種の作業に習熟させた効果は見落とせない。

これまで、保守的なカナダの職能別、職業別労組のカベで日本人が参入できなかった職種（大工、木工など）、日本人を外していた高度な作業（ブルドザーやクレーン運転など）、免許の必要な醸造、理髪、複雑な農産品の栽培、さらには警備、軍務、公務等がドアを開かなければならなかったのだ。

日本人が切り開いた漁業なども厳しい免許制で外国人を排除してきた分野だ。なかには、「コマーシャル・ワーク、セールスマンシップ、病院クラーク、プラミング、電気工事、ディーゼル機関運転、倉庫管理」など、高い知識、経験、能力を求めるソフトな分野さえあった。これは、大きな経験であった。

バンクーバー時代は日本人が求めても、与えられない職種、業務、管理事務、技術であった。この個人の技術革新なくして賃金、生活水準、意識、帰属集団等で、社会的上昇気流に乗るための不可欠な要件を完備することはできない相談であった。

日本人がカナダへ移民してきた要因は精神的自由、知的冒険心、徴兵忌避、より高い経済的成功を求めたはずである。人はこの上昇社会移動を求めて移民、移住、移動というアクションを起こす。戦時のカナダ政府の日本人対策は、この願ってもないチャンスを与えたのだ、という一世にも出会った。

もちろん、それには経験したことのない幾多の時間、労苦、不安、犠牲、出費も伴ってのことである。

第16章　**通婚圏、住居圏の壁への風穴**

居住圏・一九四四年までにどこまで拡張したか

『ニュー・カナディアン』を開いていると、日本語欄での梅月高市の文章がだんだん増えていることがわかる。以前にも述べたが、決してうまい文章ではない。語彙も多くない。いささか野暮くさい。ところが、それが『日刊民衆』以来の「フアン」には懐かしくも、親しみがあるのだ。文章形式や推敲はとにかくとして、内容は広汎で豊かになってきている。それだけ、『ニュー・カナディアン』への通信が豊富になったのだ。新聞編集は協力者の手足に支えられている。山本倫由、佐藤伝、沖広浩一郎、太田三男、井手小四郎、山家安太郎、杉万岩蔵、田中兼、益田徳平、亀岡徳衛、宇都宮鹿之助、小林豊次郎らの馴染みのある同志の長文の文章が一九四四年だけでも何本も掲載されている。

いずれも、開戦前までの「ローカル31」労組の積極的なメンバーか、支持者だ。これ以外にも、イニシャルや筆名での短信が溢れる。政府の政策にしたがって、さらにキャンプや収容所から、東へ移動し、さらに東進しようと自問している日本人のざわめきが伝わってくる。この動向は腰を重くしている人々に刺激や背中押しにと伝染してゆく。人間の移動というものは、情報の移動と一体になっていることの一例である。

社会学で「普及理論」を完成させたE・M・ロジャースは、一番早く、新しいものを採用するイノベーター、それを追い、やがて社会全体に広がるプロセスを理論化させた。「東進」のイノベーターは二世であった。

そのイノベーターの動きを知って「ざわめき」の起き始めた町や村の名前を挙げると一九四四年の末だけで、次のように広がりをみせた。

オンタリオ、スローカン、ナカスプ、レタリア、キャピスケシング、レモンクリーク、ウエリングス、ブラックスパー、ダーナル、ピクチュアービート、サモンアール、コールドストリーム、ヴァーノン、テーバー、ドライデン、クリスティナレーキ、グランドフォークス、グリムスピー。

今日、相当詳しい地図でも探すのが困難な地名や、今や人口わずか数百人という村、すでに無人になったキャンプ跡もみられる。逆に、すでに大西洋側の東海岸の州、島、町にまで達してしまっている日本人家族や個人もあり、その逞しさに驚かされる。

カナダ政府の思惑、政策で、開戦まで、西海岸、それもバンクーバーの狭い地域、「リトルトウキョウ」とか「日本人ゲットー」とか白人が評するパウエル街等に固まって「居住圏」を築いていた約二万数千人の日本人が二、三年のあいだに種子をばらまくように広いカナダ大陸を横切ってしまったのだ。それはまさしく「日本人種」という「たね」であった。

記事を見ていると、一九四四年春には、オンタリオ州のナイアガラの滝に近いハミルトンのサナトリウムに四十二人の二世が働いているとある。気候明媚なハミルトンはやがて日本人コミュニティが築かれる。

カナダ政府労働省が一九四三年秋に発表した日本人の「居住圏」ごとの分布状況が興味深い。

BC州	
収容所	一万〇〇五八人
道路キャンプ	二四六人
自活移動地	五三二二人
その他	六四人
ユーコン州	二八人
アルバータ州	三五七二人
サスカチュワン州	一四七人
マニトバ州	一二三三人
オンタリオ州	二六八三人
ケベック州	四七二人
沿海州	一人

ユーコン州というのは、米国のアラスカ州に接した北限の州でエスキモーなどと呼ばれた先住民が多い。自活移動地というのはケローナ、ヴァーノンなどもともと日本人が農業で生活を立てていた町だ。

このほか、『ニュー・カナディアン』が、経営上の理由で開設した新年号の名刺広告には、多数のキャンプ地からの出稿が見られる。キャンプでの日本人の人名を列挙しただけのものだが、これで急速な強制移動で連絡の途切れていた友人、知人の居場所が互いに分かり人気の広告欄であった。

ことに、道路キャンプなど居住期間が短く、工事計画に沿って移動の激しい現場の日本人はこの名刺広告は重宝であった。

名刺広告は案内広告（三行広告）の一種で、転居、結婚、死去、開業などの人事広告が主体で、移民の多い北米の大都市では市民の必需チャンネルだ。日本では、ちょっと考えにくい。もともと移動の激しい米国やカナダの大新聞では広く採用され、重要な収入源になっている。『ニューヨークタイムス』『ロスアンゼルス・タイムス』など、別刷り十ページもある案内広告があるほどで、これらの新聞を訪ねたことがあるが、日によっては数万件に及ぶ。掲載料も普通の市民が負担できる程度のもの、コストを抑えるためすべてコールセンター経由、原稿と料金は前払い。数万件の名刺広告（案内広告とか三行広告とか呼ばれる）で事故（料金の未回収など）は皆無とか。

これも、米加の新聞経営のビジネス・ノウハウで『ニュー・カナディアン』などの移民新聞が学びとったもの。付き合いで名刺広告を集める営業活動となると、顧客は限られるし、どうしても人件費や事故などのコスト増になってしまう。

百花繚乱、燎原の火の文芸創作活動

戦時下の収容所やキャンプ地でとくに発展した日本人の活動の一つに文芸詩歌の創作はよく知られている。日本人が他のエスニック集団と比べて創作意欲が特別に高いかどうかは、研究の価値があるが、次の事だけは言える。

戦時下ならずとも、母国日本では、この時期に限らず、文芸詩歌を創作して楽しむ自由も時間も環境もなかったことは確かだ。日本ではトイレの落とし紙も欠乏しているなか、創作用の用紙を見つけることは不可能である。それらを発表して楽しみ、研鑽する場所もない。

創作する人間も学歴、経歴に関係なく収容先では作品に接しられた。とくに一世の女性と二世のこどもたちだ。わたしは、カナダでの作家・田村俊子の貢献の一つに、女たちに創作意欲に火をつけたことである、と指摘したことがある。

女たちを縛る家父長制の扉も男尊女卑の風習もここにはない。女たちは、日々の仕事でもつよく、自立し、団結していた。文芸詩歌活動に気兼ねなく参加し、作品をあまた残した。彼女たちのなかで戦後知られた作家を多数輩出したとしても、不思議ではない。

山本岩夫、篠田左多江らがカナダの「移民文学」と名付けた分野を追究する背景である。

詩歌で『ニュー・カナディアン』紙上で影響力のあった一人に山本倫由がいた。彼は、カズローの隣町ほどの距離にあるスローカン谷の収容所にいたが、彼の影響もあった数多くの俳人が「句会」をつくり、住民の創作を指導した。

「句会」はカズローで定期的に参集して創作句を競い合っている。その活動や作品は『ニュー・カナディアン』に紹介される。

一九四四年十二月の『ニュー・カナディアン』に発表されたカズロー句会で入賞した数句を紹介する。

一輪の　菊に無限の　力あり　（カズロー　赤田香州）
和気満堂　日白集ふや　菊の会　（カズロー　高橋松岳）
陽は燦と　尊き菊の　白さかな　（スローカン　岩田櫻村）
大気澄む　朝清浄と　菊かほる　（オカナガン　引地若子）
誉られて　一鉢減るや　菊の花　（レモンクリーク　一歩）

季題は菊だろうが、いうまでもなく、日本人にとって菊には皇室の紋章としての敬意と強い思い入れがある。また、異国の地でどういうわけか、被収容の身でありながら、菊の苗を入手しバラック小屋の前の空き地や鉢植えに菊の栽培を広めていたのだ。

菊はバンクーバーでも、他の日本人コミュニティでも人気の園芸で、白人にも日本庭園と共に愛好家が現れ、柔道や禅、と共に異文化の交差が実現した分野である。戦後、ＵＢＣ（ＢＣ大学）キャンパスに隣接し、新渡戸稲造記念の日本庭園が造園されることの水脈の一つだろう。新渡戸稲造は一九三三年、国際会議の帰途、ＢＣ州ビクトリアで客死している。

通婚圏はどこまで拡大したか

日本人の結婚も移民問題の基本的なテーマだ。今日も変わらない。他のエスニック集団も同様だ。伝統的な風習の強い社会ほど男女間の交際や結婚は限られた家族や集団のあいだでとり行われる傾向が強い。それだけに、移民はこの社会関係をやむを得なくか、あるいは、求めて切断したり、新しい社会関係をたずねて海を渡ったのであり、別の関係を作り出すことになる。

その結果、交際や結婚に希望も困難もつきまとう。とくに日本人一世の場合、当初は人里離れた山間部、島嶼、鉱山、長い鉄路の保線現場で男たちばかりの生活だった。「くに」にいる両親も伴侶は、できれば同じ村や県の出身者、せいぜい譲っても日本人同志を強く求めた。

これでは、異性と自然に巡り会うチャンスは限られる。そこで、「写真結婚」という筋書きになる。カナダだけでなく、アメリカでも、ブラジルでも日本人の「写真結婚」が広がることになる。母国から両親または「世話役」の人が、これはという女性を見つけて、海外にいる男性に写真を送る。もちろん、女性の側にも、カナダで働く男性の写真を送って、「見合い」に変える。

そこで合意を得て結婚となる。この結果、相手が写真で想像した人物とかけ離れていることでの悲喜劇もあるが、すべてが不幸というわけではない。「本物の男性にはじめて会って、写真よりキュートだった」という女性の言葉も残っている。日本で高学歴などで、相手が見つけにくい女性が、カナダで労働者の夫に迎え入れられて幸せになること、数多い。

日本国内での「写真結婚」もあるわけだし、日本人以外の民族、例えばアジア人のあいだ、ヨーロッパの移民間でもないわけではない。

「写真結婚」が喧伝される以前には、カナダの日本人労働者は、見合いをするために、日本に一時帰国する場合が多かった。ところが、一九〇八年のレミュー協定（日本人の渡航を制限した日加両国間の協定）その他、渡航が厳しくなる中で、写真結婚が広がった。

R・スミダの研究では、一九二四年までに「写真結婚」で渡加した女性は実に六千二百四十人に上るとされている。ミッジ・アユカワは、一九九五年に「グッド・ワイフとワイズ・マザー」（良妻賢母）という論文で二十世紀初頭の写婚問題を論じた。このなかで、明治的な男、義理の母、義理の娘、ジェンダーといった日本的な課題がカナダという社会でどう機能したのかを分析した。それは、やがて生まれてくる二世をも含めた日本人世代交代という社会変動に焦点を当てた鋭いものであった。

アユカワは、BC州の生まれで、戦時、スローカン谷のレモンクリーク収容所で少女時代を過ごした後、オンタリオ州に移動、教師としてまた研究者として化学を専攻している。のちに歴史と日本語を学び、BCに戻り日本人移民の研究に打ち込んでいる。

アユカワがビクトリアにいたとき、私と何度か文通していたが、会う機会はなかった。求めに応じて、梅月高市らの「キャンプミル労組」についての私の著作類を送ったが、彼女はその日本語論文を早速読みこなしたという礼状が届いた。

アユカワは梅月高市らの「キャンプミル労組」の歴史に関心が強いということであった。彼女の研究で特に残るものとして著作「広島からの移民」が知られている。

カナダの日本人女性研究の先駆者の一人作家の工藤美代子に『写婚妻』(ドメス出版、一九八三年)という本がある。彼女も私と親交がある。BC州各地に渡った「写婚妻」十数人にインタビューしてまとめたもので、典型的な例だろう。わたしも高齢の一世に会うとこういう事例によくであった。しかし、戦時になると、日本からの新しい「血液」の補給などは途絶えているわけだから、年配者の結婚そのものが、大きな問題であった。

一九九〇年代になってからも結婚の機会を逸した単身の日本人の老人にずいぶん会った。この人たちのことを、わたしは筆にしにくい。収容所にいて戦後、日本に帰国もせず、パウエル街に戻った一世にこのカテゴリーの人が多い。パウエル街にある「となりぐみ」のサロンで日本語図書を読んでいる一世からずいぶん話をきいた。わたしの出来ることとして、カナダを訪れる度に、戦後刊行の図書を持参し、また日本からも、日本語の新しい「よみもの」を贈ることだった。結婚相手に日本人以外のエスニック・グループから見出した人は開戦まで一世では微々たるものだ。チャンスもなければ、日本人コミュニティでの抵抗があった。

しかし二世は違う。

『ニュー・カナディアン』には、案内広告の一つとして、結婚、訃報、法事などの個人の家庭の冠婚葬祭を知らせる情報がある。これを見ていると、家族のなかに日本人以外の人名が示される場合が増えている。女性（すなわち妻）が、日本人以外の名前だけとはかぎらない。男性（夫）が西洋人の名前もある。

二世の場合、日本名の他西洋風の名前（ファーストネーム）をつけるのが普通になってくる。苗字（ファミリーネーム）を変更する例は男性では珍しい。

いずれにせよ、日本人以外のエスニック・グループとの通婚が珍しくなくなる前触れであった。「日本人」という定義もさらに洗い直しが必要になる。それは、戦後のことだ。『ニュー・カナディアン』のスタッフでも非日本人を妻に迎えている人はある。その子孫ではこと新しくない。

職業圏はどう広がって来たか

「職業圏」という用語を提起しよう。簡単にいうと、ジョブといわれる労働と、専門職業とがある。またそれぞれに職種がある。

日本人の多数はカナダに上陸するや、ボス（手配師、親方でもある）を通して山や線路保線などの現場に送られて、そこで指示にしたがって働く。自身の計画、責任、判断で働くわけでない。これが「ジョブ労働」である。概して単純で危険な肉体労働が多い。

専門職業というのは、一定の学歴、経験、資格、熟練性、創造性のある仕事で、医師、弁護士、教師、建築士などの高度なもの。資格など国家試験を経なければならないから日本人がカナダに上陸してそのまま行えるわけではない。したがって、専門職業のほうは自身の管理、判断、責任で業務が進み、収入も高いがリスクもある。新聞記者、開教使、熟練大工なども含めて、日本人には狭いポストだ。

これに加えて、相当の投資をして事業を経営する企業家群がある。このジョブから、専門職業への移動を社会学では「上昇社会移動」という。人は、誰しも高収入、社会的威光、精神的充足度のある仕事への移動を求める。この社会移動には所属階層の問題もあって簡単ではない。

日本を発って、知らない異国へ旅発ってきたのは、この「上昇社会移動」を期待したのではなかったか。移民研究の泰斗であるアメリカの社会学者R・パークはこの移民という「地域移動」と、高収入、高威光をもとめた「社会移動」の関係をみごとに解明したりして、「シカゴ学派」という社会学の一派を創設した。

そのパークが一九二四年にカナダの日本人移民の大規模な調査をしたことを、わたしは書いたことがある（『カナダに漂着した日本人――リトルトウキョウ風説書』芙蓉書房出版、二〇〇二年）。

戦時下、この職業の「上昇社会移動」のチャンスが巡って来た。まず、各収容所に設けられた「公立」小・中学校の教師である。大学の師範コースを学んで、製材所の木工や商店の店員でしか糊口を塞ぐ術しかなかった二世の若者にとって小躍りせんばかりの機会であった。

彼らはその教師としての職業倫理、知識、希望にも増して日本人やその子弟の置かれた境遇を打ち負かすような情熱で教壇に立った。天職を手にすることができたのだ。これ以降、日本人の二世、三世の教師への職業選択や高等教育への進学熱は一層高まった。

「上昇社会移動」にとって、「ガラスの天井」に風穴を開けることができたのは、女性の社会進出だ。また一般的には軍隊への入隊だ、ここで技術、世界、白人とのコミュニケーション、社会からの尊敬、奨学金等を手にすることができ、それらを元手にさらなる飛躍を戦後とげる。

第17章 職種・職業選択圏の拡大

職種圏の拡大、第一次産業からの脱皮

日本人移民は日本を出発するとき、農業、林業、漁業といった第一次産業の出身者だけではなかった。スティーブストンの日本人漁師村などは和歌山県の漁村からの移民が多かったことは事実だが、その他の地域では多様な町村や職種からの渡加者によって構成されていた。

人数は少なかったが、大学卒業者もいた。日本でも知られた作家、物書き、社会活動家、科学者、医師もいた。田村俊子は売れっ子の作家、鈴木悦は早稲田大学出身の朝日新聞記者、長沢六郎は東京帝国大学出の国際的に著名な動物学者、東信夫は外国語専門学校卒業して、満洲にわたりソ連に抑留された国際派のジャーナリスト、期間は短いが山本宣治もバンクーバーで生活した経験を持つ。その他だ。もっとも、彼らは開戦前にカナダを離れている。

さて、だからといって、カナダに到着して大工が建築業に、電工が電気技師に、教師が教師に、

というわけにはゆかなかった。もっとも多数の日本人を吸収したのは、鉱山、鉄路の保線区、山林・製材、その他、雑多な単純・肉体労働の職種であった。パウエル街の「リトルトウキョウ」が、在加日本人社会の知識、サービス、芸能、商業の小さな第三次産業として、わずかの日本から渡加した「口舌の徒」に文字通り「口糊」を塞ぐことのできた手立てを提供出来た程度の狭い入口である。それについてのいくつかの公式統計がある。

次は、「加奈陀日本人会」が一九三八年（昭和十三年四月）、開戦直前実施した『加奈陀在留邦人調査表』のなかの数字である。調査された「本業者」総計七千六百一人、うち商業者七百四人（9・3％）、漁業者千八十四人（14・3％）、農業八百七十一人（11・5％）、木材関係千八百四人（23・4％）、クリーニング・洗濯二百十一人（2・8％）、庭園業百七十八人（2・3％）、大工・プラマー七十四人（1％）、その他の一般労働千五百二十一人（13・2％）、造船二十八人（0・4％）、失業中ほか四六三人（6・1％）などである。

このように、約四人に一人は、木材関係で、たぶんこれに門田勘太郎のような製材所の本工場、建屋や労働者寮を建設する大工、船大工、その他を加えると、伐採のような産業の上流から、製材、屋根材、サイド材、木工などの木材加工の下流まで、全日本人の三割にも及ぶ人が働いていたのだ。

それが、一九四四年の、モントリオール（ケベック州）という東部に早めに辿り着いていた五百人の日本人の職業をBCSC調査という限られたデータであるが、それを次のように報告している。

『ニュー・カナディアン』によると、このうち、八割が二世、7％がカナダへ帰化した日本人、したがって、一世は13%に過ぎない、ということに留意してみたい。

移民がチャンスを求めての海外「移動」であることは、言うをまたない。より高い所得、職種の拡大移動もそもそも目標の一つだが、自身の世代でその希望を達成できるかどうかは、不明だ。どのエスニック集団にもいえる厳しい道程だ。

次の世代、すなわち二世の時代への「世代移動」によって初めて可能なのだ。誰しも子弟の教育に血眼になる。それに日本人の場合、できるだけあらゆる機会を奪おうというパイオニアやWASP等の妨害があった。地域も仕事も先着者たちは、その利権を守ろうとする。これは、パイオニア利得の権利死守という経済の法則だ。

のちの政府高官になるショーヤマさえ、UBC大学を卒業したあとも、パルプ工場で汗を流していた。ところが、戦争による日本人地域コミュニティであるパウエル街を破壊した結果、同時にこの差別構造をも破壊してしまっていたのだ。政治の皮肉である。

さて、モントリオールでの一九四四年度の調査結果は、工場（繊維、家具など）四十六人、一般労働四十四人、家事三十人、大工二十一人、洋服等二十人、婦人服十九人、コック十九人、書記十三人、機械工場十二人、木工十二人、会計十一人、会計見習い八人、看護婦七人、食肉加工七人、機械技術者六人、ビジネス経営六六人、守衛五人。

やはり、木材関係が多いことはいたしかたない。だが、多様化を見落としてはならない。ビジネス経営のなかには、製材所を経営して、日本人数十人を雇用している日本人もいる。

このほか、人員こそ明示するほどではないが、次のような新開拓の職種に就いていると伝えている。

医師、実験室の技手、キャビネットメーカー、造船工、新聞社員、商業家、化学技師、鋳物工、電気按摩師、養鶏場、薬剤師、図案家、建築設計家、幼稚園教師、自動車運転士。これらの数字を一瞥して梅月高市は『ニュー・カナディアン』でこう述べている。

「職業的分布状態は戦前の沿岸におけるときとは、比較にならぬほど、各方面に配分されている。戦前にみられたような日本人同志の共食い的な状況はもはやみられない」（一九四四年十一月二十五日号）

このコメントにいくつかの分析を追加しておかねばならない。

第一に雇用先や労働先マーケティング対象の革命的な変化である。

日本人が五百人前後の日本人では、安定的なエスニック・コミュニティが形成されたわけではない。したがって、パウエル街時代のように、コミュニティ内の需要を見越した「エスニック・ビジネス」が育ったわけではない。

一例が風呂屋、産婆、通弁、床屋、桂庵、日本料理店、日本語教師などもっぱら日本人を相手にした稼業だ。日本語新聞社や書店も同じだろう。新移住地では、これらは仕事としては通用しない。

ここに列挙した新開拓の職種で喜ばしいことには、だいたいホスト社会向けのものだろう。ホスト社会の仕事を得るためには、国家資格（会計士、看護婦、薬剤師など）と職業別労組の組合員資格（大工、機械工、木工、コックなど）の取得、もちろん能力、経験が問われる。保守的で自身の熟練度を土台にした職業秩序を守るため排他的だった「職業別労働組合」も、日系人への認識の変化と、人員不足で、加入を緩めざるをえなかった。

機械工など組合がまず見習い、助手として労働を認め、その熟練度と組合への貢献で正規労働者として認める、という所謂「クローズド・ショップ」制と「先任権制度」を引いていたところさえあった。米加にまたがる「国際組合」に多く、このショップ制で賃金市場をコントロールしていたのだ。勤勉で、高い技術力をもつ日系人の優秀さにはかてない。

これらのハードルをクリアしてのことだ。

第二に、新聞社員、医師、建築設計家など、相当の能力を求められる高度な職業を勝ち取っていることだ。白人の幼稚園に日本人女性の教師が現れたのだろうか。梅月高市も高い英語能力の研鑽を強調している。人員は少ないだろうが、新聞社員がいる。この時期、ケベック州には日本語の新聞はないから、英語かフランス語の地元紙だろうか。もし、そうだとすると、大学のジャーナリズム学科を卒業した二世が新たに勝ち取った「社会的威光」の高い職業の一つだ。

太平洋戦争は終局を迎えていた。一九四四年十月のフィリッピン・レイテ沖作戦で日本海軍は事実上壊滅、まもなくマリアナ諸島の占領していた米空軍の大規模な日本本土爆撃が始まる。各地の日本軍守備隊の「玉砕」も伝えられる。

ことに、日本人を驚愕させたのは、『ニュー・カナディアン』（一九四四年十一月二十五日）が「支那派遣軍総司令官の岡村将軍の更迭」のニュースを発表したことだ。日本事情のネタ元は「ラジオトウキョウ」を傍受したAPやそれを伝えるカナダのメディアだった。自身もモニターしていた。在中国関東軍の岡村寧次といえば、日本人に広く知られた陸軍の英雄だ。日本軍はもはや、中国大陸でも勝ち目を失われていたのだ。

カナダの日本人にも、戦況の大勢は理解できてきた。

カナダ政府の日本人「処理」も戦争終結後のことに

カナダ政府は一九四四年末には「戦後」を考え始めていた。カナダ政府は、BCSCを改組して労働省内に「日本人局」を設ける案が、伝えられるなど、動きが表面化し始める。BCSCは文字通りBC州の名を冠した日本人管理機関で、カズローにも支局は設けられていた。だが、日本人はBC州から遥か東海岸にまで広がって生活を始めた昨今、機関名は相応しくなかった。

政府にとっての「日本人処理」の最難関は、日本人を戦後どのように扱うか、だった。欧州からの移民のように日本人を戦後、平等に「市民」として、居住、進学、就職、資格、結婚などで一切の差別を撤廃するかどうか、であった。

日本人を知る近隣、職場の白人や、知識人、社会運動家、宗教家、行政官は概して、人間的にフェアに対応した。キリスト教の精神だった。しかし、政治家（首長や議員）、「輿論」は複雑だった。開戦前のいわれなき偏見も解消されたわけではなかった。

永住の地でない以上、どこの収容所もてんやわんやであったが、カズローは比較的この「再移動」の浸透は順調に進んでいたようだ。『ニュー・カナディアン』本社のプレゼンスやショーヤマ、イトー、イケノらの日常活動が功を奏していた。

実を言うと、一九四四年秋頃は、カズローは他の収容所に比べて、恵まれていたし、戦争時期全体のなかでも、もっとも「安定」していた時期だったかも知れない。『ニュー・カナディアン』の社内も、社員が企業としても、うまく日常業務をこなしていた時期である。

この社員のなかで、ショーヤマや梅月高市のような幹部には、本人の書いた記録も、動向をまとめた評伝類にことかかないが、無名の若い社員のことは気になっていた。ロイ、イトーは若い青年だったが、業務の一部（広告など）を任され、のち軍務、大学を経て、教師になり著書も残していることは、前に触れた。彼は、大学では、学生新聞の筆頭編集者にまでなった。勿論英文だ。

ところが、もっと若い、イケノ、ジュンジなどはどうしたろうか。

イケノ、ジュンジ（池野順次）少年は長きにわたり『ニュー・カナディアン』の印刷工として、ライノタイプ・マシンの運転を守ってきた。

イケノについては、長いこと気に留めていたが、記録が少なく書くことができなかった。ところが最近、彼の訃報の記録を読む機会があった。

それによると、イケノは二〇一六年六月、九十四歳で天寿を全うしている。オンタリオ州ミッシサウガというトロントの南にある郊外都市が永遠の眠りの地であった。ここも、日系人の多い

『クートネイアン』新聞社のライノタイプ傍にたたずむイケノ・ジュン（カズローのアーキビスト、エリザベス・スカーレット提供）

都市である。

この年齢から逆算するとイケノは一九二二年生まれ、カズローで梅月高市らを手伝って、ライノタイプを打っていたのは二十二歳のときである。ライノタイプライターは『クートネイアン』社のものを週何回かシェアするかたちで使わせてもらっていたわけだ。

写真はカズロー市のアーカイブスの「ボランティア・アーキビスト」のエリザベス・スカーレットが探し出して、わざわざ日本へ送って寄越したものだ。なにしろ、人口千人程度のカズロー市のこと、市議会、図書館、アーカイブス、歴史協会、観光協会と一通りあるが、そのほとんどの業務は市民のボランティアでささえている。

E・スカーレットは仕事や家庭をもちながら、アーカイブスを守り、わたしのような外来の研究者のために調査など支援してくれる。わたしとも何度かメールや資料のやりとりをしたが、どれだけ研究に役だったかしれない。感謝したい。

イケノは戦後、公式の表舞台に立つことなく、妻のトシコと六十一年もの夫婦生活を過ごし、何人もの子供をもうけている。静かで、平穏な人生だったと、葬儀で縁者、友人たちは述べて、見送られている。ここに面白い数字がある。

ＢＣ州にはスローカン谷やバーノン周辺の農業地帯に日本人は生活していたのだが、一九四三年中に新たに三百四十二人の新生児が出産していたのである。これは、人口千人あたり21・2％だという。それなりに増殖していたのには驚きである。

どこの収容所も「再転住」で櫛で髪の毛を抜くように日本人は消えていたのにである。

一九四四年一月の『ニュー・カナディアン』は、スローカン谷のニューデンバー収容所で開催された公立日本人学校の校長会で、この地域全体の日本人教育を管理する兵頭教育長が東部への転出や結婚で教師が不足してきたことを指摘したとある。

職業としても比較的安定しているかにみえる教師陣さえ、東部の都市へ再移動を余儀なくされたのが現実であった。もちろん、それにはかれらの家族の意向もある。

一九四四年のカズロー、「小さなスイス」

イケノたち『ニュー・カナディアン』の社員、その家族、読者が三年近く過ごしたカズローの町はどんなところだったのだろうか。クートネイ湖を東にのぞみ、遥かにロッキー山脈をいただき、西側は丘陵、当時も現在も千人を少し超える程度の町である。

クートネイ湖沿いにこの地区の中心都市ネルソンや、その先にある唯一のセスナ機の着陸できる空港のあるキャッスルガーの町へ通じる狭い未舗装の道路はある。だが、戦時中はバンクーバーから鉄路などで、送りこまれた日本人は湖の南端の埠頭から汽船で運ばれてきた。

このフェリー、モイエ号は現在、使用されておらず、カズローの埠頭に係船して観光に資している。クートネイ湖自身が、同名の河川を仕切って生まれたダム湖のため、標高573メートル、狭い湖のかなたにロッキー山脈の威容が映り、住民は「小さなスイス」と自慢している。

このフェリー港の周辺四、五本の街路がカズローのダウンタウンの全部だ。この人口一千人前後の町へほぼ同数の日本人が住みついたのだ。現在のカズロー町のメイン通り（フロント街）の、右にあるのが、町唯一の「マーケット」が、戦時、日本人児童のための公立小学校になった。その南に、町役場がある。

カズローの街並、風景あまり変わっていないようだ。

『ニュー・カナディアン』社のあるフロント通りに面して、ホテル（日本人が大勢収容された）、マーケット（小学校が特設された）、銀行（BCSCが間借りした）などが集中していた。通りを一つ挟んで町役場（現在は小さな図書室を併設、ボランティアのライブラリアンが子供たちに読書の手助けをしている）、教会（日本人の信徒が住民と時間をシェアして利用した）、郡役場（地下の小さな留置所跡はアーカイブスになっている）、消防署、これで主要な公共施設のほとんどで、ここに集まっている。

この相対的に安定した日常のなかで生活しているかに見える日本人にも政府の「再移動」「再

定住」策、すなわちロッキー山脈を越えてさらに東へ進む「圧力」が強まってゆく。この「再定住」のあとに、日本人を「帰国組」と「残留組」に仕分けする作業がまっていたのだが、とりあえずは「再定住」である。人によっては「再々移住」「再々移動」だ。

政府によって「再定住」に協力的な日本人は「残留組」の大事なポイントと当然されたから、日本人の「再移動」の意思決定を複雑にした。

日本人を受け入れていたBC州のカズロー、周辺や谷間の収容所は確かに急場しのぎであったし、なによりも仕事や上級の学校がなかった。それに比べて、オンタリオ州やケベック州は工場地帯にも近く、労働力が不足していた。

この日本人の移動に拍車をかけたのは、「結婚ブーム」であった。『ニュー・カナディアン』を見ると、毎週のように六、七組の結婚のニュースである。びっくりだ。恋愛というものは環境や多忙さでは止められないものだ。移動、収容、キャンプでの労働などの変動は少年・少女たちに新しい出会いの機会を与えた。第一、男女間の交際に親の世代の干渉は無力になっていた。カナダ社会の自由さが支配した。

この戦時、親の出身県同志、仕事仲間、一族郎党の束縛は崩壊していた。新しい日本人のグループ、集団、そして二世、三世が生まれ育ったのだ。この時期、さすがに、通婚圏を異人種にまで広げた例は多くないが、やがて白人や他のアジア系のグループと多数の通婚をする時代がやってくる。

これも再定住による収容所での日本人人口の減少の理由であった。

こんな『ニュー・カナディアン』の記事がある。

「（サンドン発）在住者慰問のため新春日本映画上映、数週間のホリデーで家庭訪問中だった十数人の青年のうち五名はモンテレーキのソーミルへ復帰、他は東部へ移動した。その中には中芝トシコも加わっている。広島県人新屋新助とスローカンの高松冬子は島崎・本間夫婦の媒酌で結婚、モントリオールで新家庭をつくるため出発」

一九四四年のある号の要約だが、日本人家庭の典型的な状況をよく物語っている。

戦時のロマンス、結婚、新家庭が日本人のカナダ社会への安定した「適応」に新しい道を切り開いたことは、存外論じられていない。

第18章

さよならカズロー、さらに東へ

拡散する日本人への輿論と『ニュー・カナディアン』

『ニュー・カナディアン』は一九四二年当初、一世の多いBC州の「インテリア」地区といわれた州東端のスローカン谷やクートネイ谷周辺の収容所群の真ん中にあるカズローに「本社」を構えていたつもりだった。だが、一九四四年末には人々の「再移動」が進んで、皮肉にもカナダの西方に取り残されるような位置関係になっていた。

一方では、政府による日本人に対する「忠誠度」審査が始まっていた。これは米国での審査を模倣するものであった。

『ニュー・カナディアン』の「再移動」への支度はどうであったか。

一九四四年十二月二日号で創刊八年目に入ったが、BC州に残留を許された最後の期限の一九四二年十月三十一日の二日前にバンクーバーを発ったことを振り返り、要旨次のように述べている。

「かくも長くゴーストタウンに留まるとは予期しなかった。経済的要因と、事の中心が東へ移るのが比較的遅々としていたこと、クートネイの魅力ある自然などあいまって斯くも長くカズローに引きとめられた。国内外の思考や出来ごとの主流から孤立し、文化的通路の少なさ、不便にも拘わらずこうなったのである」

梅月高市の実にみごとな、カズローでの「安住」の長きを端的に述べている文章だ。彼らの多少の「楽天」主義とことばは少しきついが「暢気だったこと」への反省も感じられなくもない。文字にはなっていないが、『ニュー・カナディアン』が、もっとも厳しい生活条件の日本人に寄り添う気概で「再移住・再移動」のスタートを遅らせたことも強調しておきたい。

どういうことか、というと、日本人は突然生業の道を断たれたので、誰しも生活に困った。だから、政府のBC州奥地の道路キャンプや甜菜農場への肉体労働に慣れぬスコップ作業へと、家族を残して出稼ぎに赴きもしたのだ。

生活費は財産処理、預金取り崩し、食糧補助、キャンプ内の雑用などさまざまな方法で賄うしかなかった。キャンプ外に「出稼ぎ」の口を探し当てたものは好運であった。それ以外は、生活困窮者に「生計補助」がなされた。その人数は一九四三年七月時点、五千八百六十二人（BC州内在住日本人全体の49％）、一九四四年七月には四千百五十七人（約40％）とされている。

ＢＣ州外へ「東進」「再移住」「再移動」できたものは、自活能力があるとされ、「生計補助」は打ち切られるか、減額されていた。

ロッキー山脈を越えた「東進」し、自活することに自信が持てず、結果として収容所に残ることになった。これらの制度、申請手順などは、『ニュー・カナディアン』が日本語ページで懇切に解説した。当局の英語での指示ではわからない。この「寄り添い」の気持ちの評価は大切である。だが、『ニュー・カナディアン』社自身の「リロケーション」（再移動）も、もはや引き延ばせないこと、「再定住」の方向で準備を急ぐこと、次の「バースデー・キャンドル」（創刊記念号）はロッキー以東のどこかで発行される、と述べている。

このあいだにも、カズローやスローカン谷地方の各収容所では、日本人の東部への移動が次々に伝えられる。トロントやハミルトン、ケベックなどの大都市にいきなり職と住まいを得て、動く人、タシメ収容所から、一度スローカン谷の町に移り、さらにウイニペグやオンタリオ州のどこかに「再々移動」する人などさまざまであった。

一つだけ言えることは、タシメを筆頭に収容所内の支援公共施設がどんどん縮小、廃止していったことだ。公立の小・中学校、医療・保健施設、管理・サービス機関などだ。施設だけでなく、経済援助でも厳しくなっていった。

『ニュー・カナディアン』も、元のリトルトウキョウが、留守のあいだに、中国人や黒人等が進出してしまって街が変わってしまったこと、空き家も多いが、バンクーバー全体では激しい住宅難に襲われていること、西部沿岸の反日宣伝、日本人を日本へ送り返してしまおうというかつての「白人カナダ連盟」や「日本人送還連盟」のような団体が再組織化や運動が活発化していることなどの記事が連日埋められる。

　これらの記事は事実であったかもしれないが、タシメやスローカン地方で東部への「再移動」を決められかねず、あわよくばバンクーバーに戻りたいと考えている人々を説得するショーヤマ、梅月高市らのキャンペーンの意図も読みとれられなくはない。それはまたカナダ政府の意図でもあった。

『ニュー・カナディアン』社、いよいよウイニペグへ

『ニュー・カナディアン』は、一部売りだと10セント、月契約だと40セント、読者千人と見ても、購読料が月400ドル、それに広告収入、ＢＣＳＣからの補助金で経営を成り立たせていた。広告収入は読者からの転居、冠婚葬祭などの案内広告、業者のビジネス、ＢＣＳＣやカズロー町役場（シティ・オブ・カズロー）からのお知らせ、政府関連機関からの戦時債券購入の勧誘広報代金などだ。

　シティというのは、日本語でいう「大阪市」「横浜市」の市とは少々意味が違う。議会なども つ最小の自治体で、日本でいう「村役場」まではいる。カズローの住民人口は平素では千人前後だから日本では「村自治体」だ。この役場を「シティホール」という。私は「町役場」と呼びたい。自治があるということは、タシメやスローカン谷の収容所とは違う。議会、自治役場、図書館

ときに自治警察、自治消防をもつ。住民の意識もそれなりに高いから公立学校、公立集会所、病院など運営している。カズローの日本人はこの自治体にずいぶん世話になった。

議員はどこでもだいたい町の顔役で基本的に無給または薄給だから、商店などを経営した事業家である。彼らは、日本人が送り込まれるというニュースを耳にした一九四二年新春は反対していたが、「住民」が増えれば、購買力も増すという計算になってからは、反対の看板を取り下げた。事業家は変わり身が早い。金で向いている方向に身構えが変わる。

日本人が三年ほど住み、日本人が「蛇でも狼でもない」人間であり、それも、とてつもなく勤勉、清潔、礼儀正しい人々だと分かるとフレンドリーになり、町を去るとなると各所で別れを惜しんだ。

梅月らは、一応「商業新聞」の本道は守ろうとしていた。いや、題字の下に書いているように「独立不羈の民主的言論機関」を目指していた。この新聞社設立のショーヤマは自立した言論機関として購読料、広告料、その他読者からの浄財を大切にしていた。戦時、それも対戦国の日本人という立場から掲載原稿が検閲を受けるのはやむを得ないとしていたが、また被収容者として全日本人と同様にBCSCから月々の手当を支給されていることはやむを得ないとしても、独立の新聞社としての原則からの逸脱や人権・非民主的な記事は極力阻止してきた。

収入のうち、面白いのは冠婚葬祭で催事・行事の主宰者（だいたい親族）が参加者からのお祝いやお悔やみの拠金の残金や、各収容所にあった自治会、サークルなどが再移住や施設閉鎖で解散したとき、余剰金が発生すると『ニュー・カナディアン』社へ寄付したことだ。思わぬ臨時収入でもあり、感謝の気持ちを紙面で表明している。

独立の商業新聞社であるから、官公庁からの「お知らせ」など有料で扱った。カズローからの日本人の東進再移住の転出に際して、カズロー町役場が日本人への「お知らせ」の掲載を依頼してきたときの、業務の記録（依頼書や金銭決裁など）残存している。

広告依頼書と広告費5ドルという記録がファイルにのこっている。ところで、ここで推定した発行部数が約千部というのには根拠がある。一つには、『ニュー・カナディアン』に関わったフランクたちの話、もう一つは平台印刷機の能力、タブロイド版四ページの新聞は日英二つの言語、それに一方が刷り上がったあと乾かしてから他の面の印刷に入るからだ。

どちらにしても、これでは、人件費も出ない。「給与」は、別途、日本人収容者全員への手当てのルールにしたがって支給されていたものだ。ＢＣＳＣは、経済的負担から逃れるためにも、新聞社へも早くから自立を促してきていた。日本人個人への「東進、再移動」と同じ原理で新聞社へもロッキーを越えることを求めていたのだ。

やはり、なにごとを遂行するにも、「カネ」であった。もともと、豊かであったわけでない日本人は相次ぐ「移動」で、貯金はおろか、毎日の生活にもコト欠いた。

『ニュー・カナディアン』は一九四五年七月「再定住の補助金の増額」を求める社説を書いたことあるごとに、「社説」でカナダ政府当局にアピールしていた。当時の状況を端的に表現しているので、この文章、やや長いが要約を引用しよう。

「ロッキー以東への再定住は引き続き行われてはいるものの政府居住地にはなお数千人の

人々がのこっている。多くの者は帰国申請書にサインしており、本当に日本へ帰りたいと願っている者もあるが、大部分は東部へ送りだされるのを回避するためとみられている。

東部へ再定住するのに乗気を示さない理由は未知の土地への不安、差しあたって安定を得られている収容所から去るのに気がすすまない、沿岸に帰れるという望み、たとえ再定住したくても貯蓄のない家庭などだ」

カナダ政府は再定住する家族に家長で35ドル、その次の者に25ドル、その他の家族に少額ずつ、それに旅費と移動中の食事代を負担した。これまで、政府貸与のストーブ、ベッド、勝手道具を使用してきたのを、今度は全部自前で用意するとなると、この金額で出来るはずもない。

ところが、米国では五万三千人の日本人抑留者に一人185ドル50セント、それに旅費を支給している。カナダでは絶対額が不十分だと社説で力説した。だいいち日本人収容は、米加の政府が足並み揃えての措置だった。米加の日本人の間にも情報交換や自然連帯があったのだ。

新聞社の再移住は簡単ではなかった。印刷機、編集室、社員の住居といった設備をどうするか、という問題。日本語活字は携行するにしても、それを設置できるスペースの確保をどうするか。

個々人の家庭でも再移住には困難がともなったが、企業となると時間も必要だ。晩市からカズローへ移転したとき、政府は特別列車を仕立ててくれた。政府の支援なくして、再移転はできない。

『ニュー・カナディアン』は当初、直接オンタリオ州への移転を強く希望したようだ。オンタリオ州はカナダ最大の州で、都市部の人口は一九五〇年頃およそ三百二十万人、で商工業、教育、交通網等が発達していて、当然大半の日本人は職業・学業の上昇移動のチャンスを取得できる都市として最後はオンタリオ州のトロントへ落ち着くことを期待していたからだ。

それが、ＢＣの東隣、アルバータ州、さらにその隣サスカチュワン州を越えて、マニトバ州のウイニペグへ移転することが決まったのである。

東西に広いカナダ、距離にして約６０００キロメートル、時差にして六時間ほど、そのちょうど真ん中あたりになる湖沼地帯で人口希薄なマニトバ州の州都ウイニペグということになったのだ。

独立不羈の新聞、ウイニペグでコミュニティ再建

ウイニペグ市は地理的にカナダのほぼ真ん中に位置しているだけに交通の要所だ。ＣＰ鉄道、国鉄の機関区や補給施設、支線への乗り換え、米国への玄関であり、商工業の中心の一つだ。

一九五〇年頃のマニトバ州の人口は七十万人台、そのうちウイニペグ都市部の人口は三十万人前後だろうか。

先住民も多く、カナダ全体の一割がマニトバ州に住む。

先住民との窓口であり、湖沼、河川、南北交流の要、なかなか味のある土地だ。

だが、『ニュー・カナディアン』社の一行も、家族も直接トロントへの再々移動を強く希望していた。なにより子弟の教育を求める家族の心情も聞かねばならない。なにしろ数年にわたるロッ

キー山脈の西麓の山の中の町の暮らしで、充分な教育機会を逸してきた。ショーヤマは再移動を前にして、家族たちに押されてトロントなど東部の事情を調査していたようだ。

ショーヤマはトロントへの「再移動」をBCSCへ度々希望する書状を送っていたようで、それが不可能であるとするBCSCからのお詫びをこめた書簡が残っている。かくして「再移住」のプログラムが始まる。

① 梅月高市はまず全カナダに散らばる読者に移動のスケジュールを克明に知らせた。新聞はカズローでの最終版発行をやや早めて一九四五年七月十九日とし、ウイニペグでの第一号は八月初めを予定して編集する。ただ、日本語活字はロジスティック上、簡単には再設置できかねるので、英語版より遅れて印刷されざるをえないこと。

② 最終版発行と同時に新聞社の設備、備品の荷造りを開始、七月二十五日に発送する。個人の家庭の備品も同様と思われる。

③ 難題の日本語版の活字は休刊中の『大陸日報』の活字の貸与を受けているが、これはまだBC州内に留まっている岩崎與理喜社長の好意によるもの。ウイニペグへ移転後は「直接の接触が困難になるが手紙による交信」を積極的に行うこと紙上で求めている。

梅月にとって岩崎は新聞人の先輩であり、バンクーバーでの開戦後の最後の日々、社屋を家族、同僚ともども生活することを許した恩人であり、さらに活字を貸与された支援者であった。

④ ウイニペグでの『ニュー・カナディアン』社はタルボット街に決定、連絡先とした。賃刷す

る印刷所も契約された。
⑤ 読者との購読料、案内広告料等の清算は各収容所の担当者のこれまた「再移住」で交替また
は不在になることでの留意も伝えた。

梅月高市と岩崎との関わりは、古い。岩崎は山崎寧の帰国後、『大陸日報』を山崎の娘のみどりと協力して経営し、多くの在カナダの日本人ジャーナリストに職を与えてきた。開戦で全ての日本語新聞が発行停止処分にあったのちも、日本人コミュニティのために力を貸した。

岩崎は梅月を新聞人にしてきた『日刊民衆』の創設者・鈴木悦と田村俊子をカナダで記者や生活人として支え、鈴木が『日刊民衆』へ移ってからも支援し、梅月が『ニュー・カナディアン』に日本語版を開設したあとは、活字を貸与してきた。

岩崎はカズロー地区からトロントに「再定住」するのは日本が敗戦になってからだが、戦後、トロントで『カナダ・タイムス』を創刊して、梅月との友誼を続けるが、これは後の話。

ともあれ、『ニュー・カナディアン』は要旨次のことばを紙面にの残してカズローの町を後にした。

「オタワ当局（カナダ政府）がナショナル（日本国籍の日本人）の再定住を停止している問題。ナショナルで東行きを希望しているものは〝子供が学校にいかれて立派に成長してくれれば、それで本望だ。帰国申請にサインしなかった僕らの気持を生かしたい〟」（一九四五年七月十九日）

日本がポツダム宣言受託の天皇のラジオ放送を世界に発するのは、それから二十日後であった。カズローを離れる時までに、『ニュー・カナディアン』に在籍した社員三人がカナダ軍に志願して出征したことは、梅月高市の常に口にした誇りであった。

カズロー、その他の小都市や町、収容所で一休止して、体調をととのえた日本人は小さな集団となり広いカナダ国土の隅々に新しい日系コミュニティの根や芽を培うことになる。

主要参考文献

《日本文》

新保保『石をもて追わるるごとく』一九七五年、大陸時報社

新保保、田村紀雄、白水繁彦『カナダの日本語新聞――民族移動の社会史』一九九一年、ＰＭＣ出版

田村紀雄『鈴木悦――カナダと日本を結んだジャーナリスト』一九九二年、リブロポート

飯野正子『引き裂かれた忠誠心――第二次大戦中のカナダ人と日本人』一九九四年、ミネルヴァ書房

飯野正子『日系カナダ人の歴史』一九九七年、東京大学出版会

佐々木敏二『日本人カナダ移民史』一九九九年、不二出版

田村紀雄『エスニック・ジャーナリズム――日系カナダ人、その言論の勝利』二〇〇三年、柏書房

白水繁彦『エスニック・メディア研究――越境・多文化・アイデンティティ』二〇〇四年、明石書房

田村紀雄『日本人移民はこうしてカナダ人になった――〝日刊民衆〟を武器とした日本人ネットワーク』
二〇一四年、芙蓉書房出版

《英文》

Broadfoot,Barry. *Year of Sorrow, Year of Shame*.1977.

Adachi,Ken. *The Enemy that Never was: A History of the Japanese Canadian*. 1979.

Takata,Toyo. *Nikkei Legacy*.1983.

Ito,Roy. *We Went to War*.1984.

Miki,Roy. *Spirit of Redress*.1989.

あとがき
——フィールドノートへの追補——

このドキュメントの形式をとったフィールドノートは日本人労働者のカナダ社会へ定着してゆく姿を描いたものである。カナダに労働移民として上陸した一八七〇年代後半以降、西海岸各地に労働キャンプをつくり、それなりにカナダ経済や社会に貢献していた日本人労働者が、第二次世界大戦の勃発という突然の出来事にその生業、生活すべてを奪われての「流浪の民」と化した数年の困難な時期の物語である。

日本人移民労働者はその最盛期、たぶん三万人になんなんとした活気ある世界をつくっていたであろう。カナダといっても、日本人労働力を求めたのは西海岸のブリティッシュ・コロンビア州（BC州）の山林、鉱山、漁業、鉄道保線、それに若干の農業である。とくに、カナダのドル箱である木材は建材、パルプチップ、用紙として日本はじめ諸外国へ輸出されていた。

日本人は、この木材産業の伐採、筏輸送、パルプ工場、建材用製材、木工、船大工など産業の上流から下流まで数百のキャンプ等に組み込まれて生きていた。それも、最大の都市バンクーバー（晩市）から北、米領アラスカ州までつづく複雑なリアス式海岸数十か所の入り江の奥にある万古の森林が職場であり、生活空間であった。

この職場は主として米国資本によって経営され、社船か、非定期船での移動に依存していた。労働条件は当初から白人、日本人、中国人、先住民（いわゆるカナダ・インディアン）と差をつけられていた。加えて、不況のたびに解雇・賃下げ等がおこり、ここに労働争議が多発する。

争議は白人の国際組合（本部が米国にある）がイニシャチブを執ることが多かったが、日本人は当初スキャブ（スト破り）として利用され、これも白人社会から排斥される一因であった。その他、民族や文化の相違から無意識な偏見、仕事の奪い合いからの排斥、生活習慣上の対立などを利用した資本や支配的な白人至上主義のグループからの排撃にも対応してきた。

この状況を、打開しようとした日本人有志がうまれた。そのひとりが日本で、ただならぬ恋の道につかり家庭と新聞記者という仕事の双方を捨てて晩市の日本語新聞『大陸日報』に、新しい女性、作家の田村俊子をともなって、ころがりこんでいた鈴木悦である。おりからのロシア革命の影響をうけて、ふたりは日本人木材労働者を組合に組織、その機関紙『日刊民衆』の編集長としてカナダの白人労働者と手をむすぶ。

これをきっかけにして漁業、鉱山、船員などにも組合がうまれ、名実ともにカナダ社会の一部になって安定した移民生活が始まろうとしていた矢先に太平洋戦争の勃発であった。

日本人は、カナダ生まれの「日系カナダ人」であろうとなかろうと、すべて、海岸100マイル以内からの退去を命じられて、三々五々、内陸部への移動し、移動先の手当てを自身でできないものには、政府の手でゴーストタウンや工場跡、さらには急ごしらえのキャンプへ収容された。

英語の不得手な日本人にどう政府の命令を伝えるかが、問題になった。そこで、開戦直前に発刊され二世の英語新聞であることのため発禁にならなかった唯一の新聞『ニュー・カナディアン』に日本語ページをはさみ、配布することだった。その任に開戦前に『日刊民衆』の仕事をしていた一世の梅月高市が採用された。

梅月は『ニュー・カナディアン』のオーナーである二世のショーヤマ・クニトと協力し、この新聞を全日本人・日系人に配布することで、ばらばらにカナダ各地に移動、また再移動していったかれらの希望となり、ちからとなった。みずからも、重い新聞活字や家族を背負って、新聞誕生の地、晩市の、パウエル街から、ロッキー山脈西麓のカズロー、さらに大平原州のマニトバ州ウィニペグ、さらにオンタリオ州トロントと大東遷、日系人の灯火になり続けた。

人びとは、自分たちの運命をヘブライ人の「デアスポラ」になぞらえて、生きたが、梅月やショーヤマは、けしてモーゼと思わなかったであろう。ともに苦楽をいきる庶民であった。この物語には英雄も偉人も政治家もいない。話は『ニュー・カナディアン』という新聞、梅月高市、ショーヤマというスタッフを中心に進むが、それは、かれらがこれらの辛苦の日々を各種の記録に残したからである。また、なんといっても『ニュー・カナディアン』という新聞をきちんと残しておいてくれたのである。かれらの人生、たたかい、活動、思想のすべてに感謝したい。

このフィールドノートを執筆しているさなか、日本と移民労働者との関係が大きく変化する政治が目の前で引き起こされた。二〇一九年四月から、外国人の移民労働者を大量に迎える法律が制定されたのである。たしかに日本は少子化で特定の分野で労働力が不足している。国際的にも労働力の国際移動は太い流れになっている。

だが、こんどはカナダへの日本人移民労働者ではなく、日本への外国人移民労働者と日本人が向き合うことになる。その土地に何年か働けば、愛着、利害、縁がうまれ、エスニック・コミュニティが芽生え、家族ができる。契約や規定で、一定年限、働いたら、出身国へ送り返すのか。出身国ではもはや居場所がなくなっていないか。これは、資本の論理、国家の政策、以前に若く手ごろな労働力をわれわれ日本国民が「搾取」していることにならないか。わたし自身、このノートを閉じるにあたって、答えをだせないでいる。

本書は古い友人の松田健二さん、それに編集を担当された板垣誠一郎さんに、大変お骨折りいただいた。記して感謝したい。またカナダでの長年にわたるインタビュー等の取材・調査で協力していただいた多数の友人、関係者にいちいち名前をあげないが心からお礼申し上げたい。またわたしの努力が不十分で誤植、誤認、その他ご意見を頂けたら大変幸いである。

メールアドレス　tamuran@tku.ac.jp

二〇一九年四月十二日

田村紀雄

著者紹介

田村紀雄　たむら・のりお

1934年生まれ　東京経済大学名誉教授　社会学博士
思想の科学研究会、日本移民学会、日本インターンシップ学会
その他の会長を歴任。多数の学会・研究会の創立に参画、役員も。

本書に関連する主要著書。
『コミュニティ・メディア論』1972年、現代ジャーナリズム出版会
『アメリカの日本語新聞』1991年、新潮社
『カナダの日本語新聞』1991年、ＰＭＣ出版（新保満、白水繁彦共著）
『国境なき労働者とメディア』1997年、日中出版
『海外の日本語メディア』2008年、世界思想社
『ポストン収容所の地下新聞』2009年、芙蓉書房出版　ほか

移民労働者は定着する
『ニュー・カナディアン』文化、情報、記号が伴に国境を横切る

2019年6月10日初版第1刷発行
著　者／田村紀雄
発行者／松田健二
発行所／株式会社　社会評論社
〒113-0033　東京都文京区本郷 2-3-10　お茶の水ビル
電話　03（3814）3861　FAX　03（3818）2808
印刷製本／倉敷印刷株式会社

http://shahyo.sakura.ne.jp/wp/（検索「目録準備室」）

最新情報はコチラ